JN132079

体育の授業づくりの学修

鈴木 直樹・成家 篤史・石塚 諭
大熊 誠二・石井 幸司 ［編著］

思考しながら
教師の専門的
知識を創発する
ための本

学修

大学教育出版

は じ め に

　前刊の『アクティブラーニングで学ぶ小学校の体育の授業づくり』は 2019 年に発行しました。当時は学習指導要領が改訂されるタイミングであり、その時期の重要なキーワードが「主体的対話的で深い学び」でした。そのため、書籍を通して読者の皆様が主体的対話的で深い学びが促されるように企図して執筆しました。

　前刊では各章で読者の皆様が試行錯誤できるように「考えるタネ」や「考えてみよう」といった仕掛けをつくったり、図や表、絵なども用いて、考えやすくする工夫をしたりしました。おかげさまで好評を受け、今回改訂版を発刊することができました。改訂版ではありますが、時代の変化を踏まえ『体育の授業づくりの学修 ─ 思考しながら教師の専門的知識を創発するための本 ─ 』とタイトルを変更し、発刊します。

　前刊が発行された 2019 年と現在では社会や教育ニーズが大きく変わってしまいました。それは新型コロナウイルス感染症の拡大、GIGA スクールの運用、令和の日本型学校教育という方向性の提示などが挙げられます。

　大きな社会の変化ではウィズコロナの時代になったということです。このような時代が来るとは前刊を執筆した際には夢にも思いませんでした。われわれの生活の中で制限が多くかかり、目に見えないウイルスと共存していく社会が到来しました。普段の生活様式を変えるとともに学校での学習様式も変化していきました。

　コロナ禍にあっては緊急事態宣言の下、子どもたちは学校に通うことができなくなり、オンラインでの授業となりました。ちょうど、政府による GIGA スクール構想の下、一人一台 ICT 機器という状況にあったため、小学校をはじめ、多くの校種でオンライン授業が展開されました。オンライン授業に際して、さまざまな問題もありましたが、われわれはその問題を一つひとつ乗り越え、オンライン授業を展開していきました。このような時代の変化を受け、今回の本書の改訂では、新たに ICT の利活用に関する内容を一つの章として取

り出し、議論を深めることにしました。

　また、中央教育審議会は「令和の日本型学校教育」という方向性を提示しました。そこでは、Society5.0 時代や新型コロナウイルス感染症の感染拡大などに伴う予測困難な時代、社会全体のデジタル化・オンライン化、DX（デジタルトランスフォーメンション）加速の必要性といった社会背景を踏まえて「すべての子どもたちの可能性を引き出す、個別最適な学びと、協働的な学び」が目指されています。令和の日本型学校教育における子どもたちに育むべき資質・能力として「一人一人の児童生徒が、自分のよさや可能性を認識するとともに、あらゆる他者を価値のある存在として尊重し、多様な人々と協働しながら様々な社会的変化を乗り越え、豊かな人生を切り拓き、持続可能な社会の創り手となることができるようにすることが必要」（中央教育審議会、2021）と示されています。

　そして、ここで示された資質・能力を育成するために「個別最適な学び」と「協働的な学び」が一体的に充実されていることが主張されています。「協働的な学び」については前刊から引き継がれている主体的・対話的で深い学びという本著のコンセプトが生かされると考えられます。一方、「個別最適な学び」についてはここで少し理解を深める必要があります。

　中央教育審議会（2021）によると「個別最適な学び」について学習の個性化が挙げられています。それは、子ども一人ひとりの興味・関心・キャリア形成の方向性等に応じ、教師は一人ひとりに応じた学習活動や課題に取り組む機会の提供を行うことが示されています。つまり、子どものニーズに応じて、それぞれの子どもが異なる目標を掲げ、運動に参加し、学習を深め広げるという視点が求められます。

　本書では「協働的な学び」について示しながらも、「個別最適な学び」についての理解も深まる議論が展開されています。本書を読み進めながら、子どもたちにとって「個別最適な学び」とは何かという視点を持ちながら考えることで理解が深まるものと考えています。本書を読むことで令和の日本型学校教育についての理解も深まり、読者の皆様の体育の専門性が高まるとともに、体育授業が一歩でも充実することを心から願っています。

【参考文献】

中央教育審議会（2021）「令和の日本型学校教育」の構築を目指して（答申）

成家　篤史

体育の授業づくりの学修
― 思考しながら教師の専門的知識を創発するための本 ―

目　次

第Ⅲ部　体育の学習指導論

第 I 部

体育の認識論・存在論

第 1 章

体育はどんな教科？
— 体育の存在意義を考える —

1. 体育は体力向上をめざすもの !?

　平成29年7月に発行された小学校学習指導要領（平成29年告示）解説体育編では、「運動する子供とそうでない子供の二極化傾向が見られること、子供の体力について、低下傾向には歯止めが掛かっているものの、体力水準が高かった昭和60年頃と比較すると、依然として低い状況が見られることなどの指摘がある」（文部科学省、2017）と示されています。このようなことに見られるように、体育が学校教育の中で果たす役割の一つとして、子どもたちの体力向上があげられるでしょう。

　確かに、文部科学省のデータによれば、体育を楽しいと感じている子どもの方が、そうでない子どもよりも体力得点が高い傾向にあり、体の動かし方がわかったと回答している子どもの方が、そうでない子どもよりも高い傾向にあ

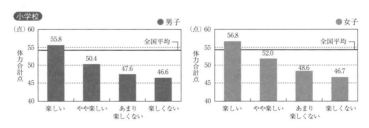

図 1-1　「体育の授業は楽しいですか」についての回答と体力合計点との関係
（文部科学省、2009）

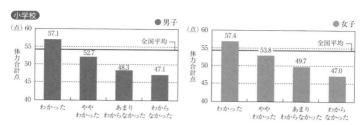

図 1-2 「体の動かし方や、上手くなるためのコツがわかりましたか」についての
　　　 回答と体力合計点との関係
（文部科学省、2009）

ります。

　このような文部科学省の報告からは、体育の授業改善は、体力向上に向けてのものと考えることができるように思います。では、なぜ、体力の向上は必要なのでしょうか？

2. 体力テストの結果から考える。

【考えてみよう①】
　下記の表は、昭和40年（1965年）・昭和60年（1985年）・平成30年（2018年）の5年生の女子の運動能力・体力テストのうち、「50m走」「握力」「反復横跳び」の平均結果を比較したものです。その数字からそれぞれの年代を予想して下さい。予想と同時に、そのように考えた理由も考えてみて下さい。

表①	50m 走	握力	反復横跳び
①	9.6 秒	16.1Kg	40.1 回
②	9.5 秒	15.5Kg	33.7 回
③	9.3 秒	16.9kg	38.4 回

表②	1500m 走
①	386.4 秒（6 分 26 秒 4）
②	393.7 秒（6 分 33 秒 7）
③	397.1 秒（6 分 37 秒 1）

　同様に、下記の表は中学校2年生男子の持久走の記録になります。こちらについても年代をあててみて下さい。

　社会的背景を考えてみれば、昭和40年頃の日本は、高度経済成長を迎え、急激な発展を遂げた時代といえますが、コンピュータゲームが普及しているわけでもなく、近所の友だちと年代を超えて、外遊びを積極的にしていた時代といえます。昭和60年頃の日本は、経済成長こそ緩やかになりましたが、工業化社会を迎え、海外の国々と経済レベルでも同等かそれ以上となり、国際的な位置づけを気にするようになります。また、高学歴を求め、受験戦争などという言葉も生まれるほど、過剰な受験熱が高まった時代でもあります。さらに、現代では、スマートフォンなどの情報機器に代表される便利なツールが普及し、便利な世の中になり、生活の中における身体活動の機会は減少しているといえます。

　このような中で、体力テストの結果は、どのようになってきているのでしょうか？

　まず、上の表の結果ですが、①平成30年、②昭和40年、③昭和60年が正解です。下の表ですが、①昭和60年、②平成30年、③昭和40年になります。意外にも、もっともアナログなイメージがあり、身体活動を積極的にしていたようにイメージされる昭和40年代の子どもたちの体力テストの結果は、身体活動をあまりしていないように感じる現代の子どもたちの体力テストの結果よりも、記録が低いということになります。

　現代の子どもよりも体力テストの結果は芳しくないはずの昭和40年に子どもだった大人は、今、60歳を超えています。しかし、この人たちに皆さんは健康なイメージを抱いているのではないでしょうか？　実際、60歳前後の人たちも「今の子どもは体力がない」と感じているのが現実だと思います。

　このように体力低下を実感している理由については、野井（2014）が、身体的側面の防衛体力や精神的側面の体力の方が、体力テストで測定される行動体力よりも影響していることを述べています。すなわち、問題であると実感している現代の子どもの体力は、体力テストで測定できる体力とは異なったものであるといえると思います。

　そうであるならば、いくら体力テストの結果を向上させたところで、問題

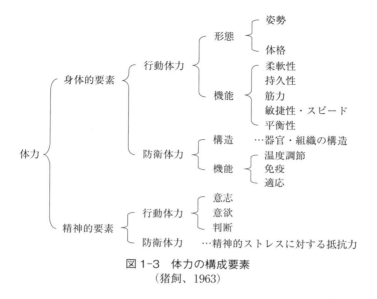

図 1-3　体力の構成要素
（猪飼、1963）

の解消にはつながりません。猪飼（1963）は、図1-3のように体力を分類していますが、こういった体力を総体的に高めていく体育が必要といえます。では、そういった体育像はどのようなものになるのでしょうか？

3.　現代の体育の賞味期限は？？？

　体力テストの結果に代表される身体能力を向上させることが、体育の学習であるかのように長く捉えられてきたように思います。それは身体能力を向上させることで、健康的で、生涯にわたって身体活動に親しむ資質・能力が身につくと考えられてきたからであると思います。しかし、それが問題であることは上述の通りです。さらに、下の表をご覧ください。この表と上述してきたことを考えれば、どのようなことが見えてくるでしょうか？

　週に１日以上の運動をしている人の割合と体力テストの結果のグラフはまったく反対のカタチを示すことがわかります。すなわち、体力テストの結果の高い世代の方が運動を続けていない傾向にあるということです。にもかかわら

表 1-1　スポーツ実施率（平成 18 年度、平成 28 年度）
（内閣府大臣官房政府広報室、2006；スポーツ庁、2017）

	平成 18 年度	平成 28 年度
20 代	39.2%	34.5%
30 代	38.9%（最も体力の高い世代）	32.5%
40 代	51.6%	31.6%（最も体力の高い世代）
50 代	62.7%	39.4%
60 代	75.7%	54.5%
70 代	82.2%	65.7%

（週 1 日以上運動をしている人の割合）　※□で囲まれているのが最も実施率が低い世代

ず、昭和 60 年代の体力テストの結果に及ばないことを問題にし、その記録を目指そうとすることには何の意味があるのでしょうか？　もし、このままの体育を続けていくのであれば、運動嫌いを増加させ、運動に対する二極化をますます拡げる結果になりかねないと考えられます。

　したがって、すべての子どもたちに、生涯にわたって運動に親しみ、健康的で文化的なスポーツライフを築き上げるような体育にはつながらないと考えられます。このような体育はもはや賞味期限切れといってよいと思います。急激な社会構造の変化の中にあって、今求められる身体的教養ある子ども像は変容しているといってよいでしょう。今こそ新たな体育の導入が必要であると考えます。本書は、そのような新たな体育を標榜し、求めていくための書籍であるといえます。

4.　なぜ、賞味期限切れなのか？？？

　前転のやり方を示し、そのやり方を身につけるために練習を工夫して、動きを習得していくような学習は、よく行われているのではないでしょうか？「できた」という結果や「勝った」という結果が重視され、その結果の良し悪しによって成果を判定されていくことによって、その学びのプロセスの中で学

ばれていることが捨象されてしまっていくように感じます。

　しかし、本当に大切なのは、「できた」とか「わかった」という結果ではなく、「できるようになる」ことに向かっていったというプロセスや、「わかるようになっていく」ことにむかっていったプロセスで学んだことではないかと思います。したがって、「できること」や「わかったこと」という結果や見栄えの良し悪しにとらわれていることで、ハリボテの学びを生み出してしまい、どっしりした基盤に支えられた質の高い学びを生み出すことができていないと思います。

　そこで、「できるようになること」を目指す体育ではなく、「できないこと」を目指す体育に転換する必要があると思います。ずいぶんと大胆な主張のように聞こえるかもしれませんが、「学び続ける」という視点からすれば、至極当然のことのように思います。

　コンピュータゲームをやった経験がある人も多いと思います。このコンピュータゲームをやるのをやめてしまうのはどんな時ですか? いつやっても「できる」時か、いつやっても「できない」時ではないでしょうか? そうやって、夢中に取り組んでいたことにも飽きを感じていくのだと思います。運動におきかえても同じことだと思います、「できそうだ」と思ってチャレンジして取り組んでいる時、夢中になることができると思います。

　しかし、いつやっても「できる」動きは、それだけでは作業のようにさえなってしまいます。逆に、やってもできやしないと思うような動きはつまらないものです。すなわち、「できそうだ」という自信を持ちながら、チャレンジし、「できない」ことを楽しむような、「できそうで、できない」世界、これを創造しながら、運動の楽しさや喜びに触れていくことの中で、運動を続けていく力とそれを人生の中に生かして学ぶ力を身につけていくことができるのではないのかと思うのです。したがって、チャレンジしていくことを前提にしながら、「できない世界」を創り上げていくことができる身体を育み続けていくことが、体育では重要であると思います。「できる」よりも「できない」が大切だと思えば、指導する側も楽になるのではないかと思います。

5. 「いま ― ここ」を大切に！

これは、かつて指導した学生に、どんな方法でもいいので、体育のイメージを表現するように伝えた時に学生が提出したものです。

どんなことが表現されているか、わかりますか？

ある学生は、体育が、決められた形に自分の体をあわせていくような授業だと評していました。そして、成功すれば称賛され、失敗すれば叱責される…そんな経験を通して体育が嫌いになっていったそうです。筆者は小学校で9年間の教員経験をしていますが、その教員経験の中で、体育を嫌いと話す子どもたちに出会ったのはごくわずかでした。おそらく、多くの小学校の先生方は筆者が感じたように「みんな体育が好き」だと思っているのではないかと推測します。筆者は、大学教員になって、「体育を好きな人？」と聞いた時の反応には大変驚かされました。大学生になると運動嫌いは物凄くたくさんいるのです。この理由を小学校卒業以降の体育の経験にあるとは思いません。

「できるようにさせた」ことで、体育授業の成果があがったというような授業実践は、もはや賞味期限切れです。このような体育に代わって求められる小学校の体育は、「きそいあう」「くらべあう」ことによって動機づけられるのではなく、「動くこと」そのものの快を十分に味わい、違いを受け入れながらともに学び合えるようなグローバル体育であると思います。

そのためには、「いま ― ここ」を起点にした学習が重要です。「いま ― ここ」の私が課題をもちながら学習に向かい、その解決プロセスを通して学びを深め、新たな自分へと変わり、そして学びを紡いでいくような学習が求められると思います。そのような体育であるからこそ、体育に大きな存在価値を見いだすことができるのだと思います。

もはや運動学習という狭い枠組みで体

図1-4 学生が作成した体育のイメージ

育を捉えるのではなく、学びの裾野を耕す教科として体育を位置づけ、学習の土台としての身体を育み続けていく教科として重視していく必要があると思います。このように学びの根幹となる身体を育む体育を目指し、体育は、従来の体育からの脱却を図らなければなりません。それは、教師や社会への大きな決断を迫っているともいえます。しかし、社会が大きな変貌を見せる中で私たちは変わらなければならないのです。

　本書は、新しい体育の幕開けを引き出すための能動的な学びを通した画期的な書籍ともいえると思います。そんな本書を通して、第 2 章から具体的に学びを深めて頂きたいと思います。

【考えるタネ】
　　本章の内容を踏まえて新体力テストの結果を体育でどのように活用しますか？　理由を明確にして具体的にアイデアを記述してみましょう。

《栄養となる書籍》
○鈴木直樹・成家篤史・石塚論・阿部隆行（2017）子どもの未来を創造する
　　体育の「主体的・対話的で深い学び」創文企画
○野井真吾（2013）からだの "おかしさ" を科学する ― すこやかな子ども
　　へ 6 つの提案、かもがわ出版

参考文献
1)　猪飼道夫（1963）運動生理学入門、体育の科学社。
2)　文部科学省（2009）平成 21 年度全国体力・運動能力、運動習慣等調査結果。
3)　文部科学省（2008）小学校学習指導要領解説体育編、東洋館出版。
4)　内閣府大臣官房政府広報室（2006）体力・スポーツに関する世論調査。
5)　野井真吾（2014）なぜ「子どもの体力は低下している」と感じるのか？　こどもと体育、No.167.
6)　スポーツ庁（2017）「スポーツの実施状況等に関する世論調査」（報道発表：平成 29 年 2 月 15 日）。

第 2 章

体育の歴史から体育の未来を紐解こう
― 体育の変遷を考える ―

1. 体育授業や体育教師のイメージ

本書の読者には、将来教師になろうという強い気持ちをもった学生の方も多数いるものと考えます。みなさんは、どんな教師になりたいですか。現職の先生方はどんな教師になりたいと思っていましたか。担任や部活動の指導者から受けた影響も大きいのではないでしょうか。実は「どんな教師になりたいか」という問いは、現場に出てからも続きます（続いてほしいです）。そして、経験を重ねるうちに理想の教師像も変わっていくことでしょう。

【考えてみよう①】
　皆さんはどんな教師になりたいですか。また、皆さんがもっている体育の先生のイメージってどういうものですか。話し合ってみましょう。

体育教師のイメージを調査した須甲・助友（2017）は、大学での体育授業に関する講義を受講する前の大学生を対象とした調査の結果として、体育教師は「怖くて、厳しい教師」というイメージを全体の４割近くの学生が抱いていることを示しています。また、松田（2001）は、大学生を対象に「体育のセンセイを絵に書いて下さい」という作画調査の結果として、「腕組みをしている」や「休めの姿勢でいつも立っている（後ろで手を組み背を伸ばした状態）」「手は腰にあてている」など独自の身体技法や姿勢をとることや、常に

「ジャージを着ている」や、「いつも首から笛をかけている」などの視覚的な特徴も挙げています。また、「名前を呼び捨てる」「命令調」「いつもえらそう」など厳しいというイメージが出される一方で、「気さくな口調」「はっきりとテキパキ」「やさしい」などの面も持ち合わせていることを報告しています。

　このような体育教師のイメージはどのようにして生み出されたのでしょうか。そもそも学校で体育を学ぶということはいつごろから始まったのでしょうか。次節では体育の歴史をみていきたいと思います。

2.　体育の変遷

　体育の歴史は今から150年ほど前の明治時代までさかのぼります。明治期は、国家の目標として経済の発展と軍事力の強化が進められた時代です。いわゆる富国強兵を実現するために、殖産興業や兵制（徴兵令）、税制（地租改正）などが具体的施策として用いられます。1872（明治5）年に近代的な学校制度として制定された学制もその施策の一つとされ、体育においても富国強兵政策の要請にもとづく「身体の教育」が行われてきました（友添、2012）。

　当時は「体術科」という名称で設置されましたが、翌年には、活動内容の特徴を表す名称を用いて「体操科」に変更されます（米津、2017）。そのため、当時の体育の目標は、身体形成が主要なものとなり、内容は「教師の号令に従って決められた運動（体操が中心）を生徒に忠実に行わせ、身体や精神を鍛える」（永島、1992）というものでした。つまり強靭な身体と従順な精神の育成がこの時代の体育の目標であり、発達刺激をねらったトレーニング的な内容が展開されたのです。

　さらにこの時代は、体育教師として軍人が登用されることなどがあり、体育と軍事教練はかなり近い関係にあったのです。個の努力としての「がんばる」ことを強要することや、忍耐や訓練、規律を重視することはこの時代の体育の特徴といえます（米津、2017）。また、米津（2017）は、「声が大きい」「厳しい」「怖い」といった体育教師のイメージは、明治期の学校教育や体育の残滓であると述べています。

　しかし、このような体育も 1945 年に太平洋戦争の終戦を迎えたことで大きく転換していきます。戦後の体育は米国の新体育（New physical education）の模倣から始まったといわれ（友添、2012、p.15）、強靭な身体と従順な精神の形成を目指した軍国主義的な体育から、民主的で社会的な人間形成を目的とした民主的な体育へと大きく転換していきます。この体育は「運動による教育」とよばれ、運動は社会性を備えていくための手段として位置づけられました。

　具体的には、1947（昭和 22）年の「学校体育要綱」に、「体育は運動と衛生の実践を通して人間性の発展を企図する教育である」と示されています。さらに具体的な変化でみてみると、教材は「体操」から「スポーツ」へ、学習方法は「一斉指導」から「問題解決学習」へと転換され、体育の役割を身体の発達だけではなく、人間の多面的な発達に貢献する教師の方法領域として位置づけられるようになるのです（友添、2002）。

　1953（昭和 28）年の学習指導要領では、目標が「発達目標」と「生活目標」に分けられる形式で示されるなど、民主的な態度である社会性の発達に大きな関心が向けられていたことや、子どもの運動生活と体育科との関連が強調されていたこと（高橋、1997、pp.19-20）がわかります。その後示された 1958（昭和 33）年の学習指導要領は、文部大臣（現在は文部科学大臣）の公示制度とされ、それ以降は授業内容の国家的な基準性と拘束性をもつことになります（浦井、2010）。

　その後 1958 年の学習指導要領では、客観的な文化や科学の体系を重視する教科主義や系統主義の思想が主流になり、スポーツの競技力が強調され、道徳の新設により、体育科にしつけ教科的側面が重視されたことによって、「基礎的運動能力」や「運動技能」の目標が強調されるようになりました（高橋、1997、pp.20-21）。そして、1968（昭和 43）年の学習指導要領では、総則の第 3 で体力の向上について明記され、ますます学校体育における体力づくりへの関心が強まっていきました。

　1970 年代以降は、工業社会から脱工業社会へと社会が転換する中で、運動の価値も変わっていきます。すなわち、運動やスポーツが社会や文化の重要な

一領域として認知されることとなり（友添、2015）、豊かな生活を目指す文化的活動として位置づくことになったのです。このような背景のもと 1977（昭和 52）年に改訂された学習指導要領は大きなターニングポイントになったといわれ、「生涯学習・生涯スポーツの時代の到来等を背景にして、体育科においては運動に親しむことを重視した、いわゆる『楽しい体育』が登場」（池田、2008）します。このような体育は、運動の機能的特性を重視し、運動を手段ではなく、目的として捉えることになります。

　すなわち、運動それ自体を学習する子どもたちにとってやりがいのあるように導こうとするものであり、「運動の教育」と呼ばれています（宇土、2000、p.4）。1977（昭和 52）年以降、特に 1998（平成元）年の学習指導要領では、よりいっそう、生涯スポーツとの関連が強調され、小学校学習指導要領解説体育編（文部省、1999、p.5）には、「生涯を通じて運動を日常生活の中に積極的に取り入れ、生活の重要な一部とすることを目指している」ことが記載され、「生活内容としての運動」を求める体育へと変化していきました。体育の授業では、児童が、それぞれの力で挑戦したい技に取り組み、主体的に学ぶような授業へとなっていったのです。

【考えてみよう②】

　写真は 1958 年、1968 年、1977 年、1988 年、1998 年の学習指導要領の指導書あるいは解説書になります。どれが、どの年代の学習指導要領でしょうか？この厚さや大きさの違いはどこからくるのでしょうか？

　この変化は学習指導要領の体育関係の指導書や解説書の厚さにも反映しています。すなわち、量的拡充を目指した 1958 年（①）、1968 年（②）の指導書には内容が豊富であり、教師がから与えるものとして内容が示されているた

表 2-1 学習指導要領の変遷

（米津、2017）

年　号	主なできごと
1947（昭和 22）年	○「教育基本法」、「学校教育法」の公布 ○「学習指導要領」（試案）の発表 　・社会科、自由研究（現在の特別活動）の新設
1949（昭和 24）年	○「学習指導要領小学校体育編」の改訂・発行
1958（昭和 33）年	○「小学校学習指導要領」公示（第 2 次改訂） 　・道徳の時間の特設
1963（昭和 38）年	○スポーツテスト（体力・運動能力調査）開始
1964（昭和 39）年	○東京オリンピック開催（金 16 個、銀 5 個、銅 8 個獲得）
1968（昭和 43）年	○「小学校学習指導要領」公示（第 3 次改訂） 　・10 年間の社会的変化を踏まえ、健康の増進と体力の向上を目指す 　・総則の第 3 に「体育」の項目を設ける（いわゆる「総則体育」の設定）
1977（昭和 52）年	○「小学校学習指導要領」公示（第 4 次改訂） 　・いわゆる「46 答申」を受け、教育水準を「ゆとりと充実」のため改善 　・生涯スポーツにつながる基礎の育成を目指す「運動の教育」の概念の導入
1989（平成元）年	○「小学校学習指導要領」公示（第 5 次改訂） 　・隔週学校五日制の実施 　・従来の「知識」「技能」から「関心・意欲・態度」「思考・判断」の重視 　・「生活科」の創設
1998（平成 10）年	○「小学校学習指導要領」公示（第 6 次改訂） 　・「生きる力」の育成を目指し、「総合的な学習の時間」の創設 　・「体操」の名称を「体つくり運動」にあらため、高学年から実施
2008（平成 20）年	○「小学校学習指導要領」公示（第 7 次改訂） 　・生きる力の育成のいっそうの充実 　・小学校第 1 学年から「体つくり運動」を必修とする

表 2-2　学習指導要領の変遷の比較

（池田、2008）

（教育全体の変遷）	（体育科の学習指導要領の変遷）
（志水による）	
○昭和 20 年代：教育の生活化（第 1 次）	○昭和 20 年代後半：運動を「内容」としてとらえる
○昭和 30 年代：教育の系統化（第 2 次）	○昭和 30 年代：運動自体の構造を重視
○昭和 40 年代：教育の科学化（第 3 次）	○昭和 40 年代：運動の本質的な特性を重視
○昭和 50 年代：教育の人間化（第 4 次）	○昭和 50 年代：生涯スポーツへの志向を重視
○昭和 60 年代：教育の個性化（第 5 次）	○昭和 60 年代：個に応じた指導の重視
○平成 10 年代：教育の総合化（第 6 次）	○平成 10 年代：心と体の一体化の重視

めに厚くなっています。一方で、1977 年（③）、1988 年（④）、1998 年（⑤）の指導書及び解説書は、教師側の柔軟な創意工夫が認められ、子どもの立場に立った指導を可能にしているために薄くなっています。このように、学習指導要領の裏側にある体育観の変遷はその指導書や解説書の厚さにも如実に表れているといえるでしょう。

　以上のような学習指導要領の変遷を米津（2017）や池田（2008）は、表 2-1、表 2-2 のように整理しています。

3. 生涯スポーツとの関連から考える未来の体育

　戦後の日本人のスポーツ観は 2 つのモデルで捉えることができます。1 つは、獲得すること、そして、他者に負けないことに価値を求めていた高度経済成長期に象徴的であった競技スポーツが優先する "富士山型" と呼ばれるスポーツ振興モデルです（図 2-1）。これは、チャンピオンを育成することがよい刺激になり、レクリエーション（以下、レクと略記する）層も広がるという見方と、レク層をまず広げること、広がった層が自然とチャンピオンという頂を押し上げるという見方の両面から捉えることができます。このモデルは、ピラミッド型の階層構造からなっており、エリートスポーツに強い関心が向けられました。したがって、効率的・効果的に指導することが指導者に求められ、施設づくりも、とにかく量的拡充に力が注がれました。これは、指導者と実践

図 2-1　富士山型スポーツモデル

者の関係で言えば、"指導者がスポーツをさせる時代"ともいえます。

　したがって、このようなスポーツ観における体育授業では、指導者である教師が、実践者である子どもに技術や知識を獲得させ、その量的拡充が目指されます。すなわち、「速く・強く・高く」に価値を求め、体育授業が実践されます。

　一方で、生涯スポーツにおけるスポーツ観は、「富士山型」に対して「連峰型」（図 2-2）といわれます。荒井（2003）は、「連峰型」のモデルを、活動場面─「コートの中」では、チャンピオンとレク層は、別々にやっており、終わって、あるいはやる前に「コートの外」でコミュニケーションするしくみであると述べます。つまり、チャンピオンシップのスポーツとレク的スポーツが共有するしくみづくり、技能の高い者と技能の低い者がイライラしたり、オドオドしたりせずにコミュニケートする人間づくりです。勝つために協働する人間関係（チームワーク論理）からクラブワークづくり（共存のための協働）へとステージアップすること、それらのことを包含する表現こそが"生涯スポーツ"といえます。生涯スポーツにおける活動とは、チームワークとバランスをとるクラブワーク精神の学習です。

　体育では、同じ活動の場の中で異質集団が協力し合い、互いの思いを抑えながら、学習することを実践してきました。しかし、それらの多くは、あくまでも括弧つきの「協力」でした。例えば、チームワークという名の下に協力するものでした。ところが、実際には技能の高い者は技能の低い者にイライラしながらも我慢する、そして、技能の低い者は技能の高い者にオドオドして気遣

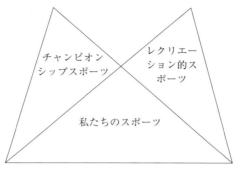

図2-2　連峰型スポーツモデル

う関係を「協力」と称し、賞賛していたのです。だからといって、単に技能レベルやスポーツの志向の違いでスポーツ活動を分け、それ以外でコミュニケーションをする人間関係づくりを学校体育が担うのではなく、学校期ではその基礎として、チャンピオンシップでもない、レク的でもない、活動の場に集う人々が「私たちのスポーツ」をかかわりの中で生み出していくことのできる力こそが大切です。このことを指導者と実践者との関係で言うならば、“環境がスポーツをさせる時代”であるといえます。

　このように生涯スポーツを捉えた場合、単に、生涯にわたってスポーツを続けるということではなく、コミュニティを形成する一員としてスポーツ文化を拓いていくことが求められます。すなわち、体育が生涯スポーツについての基礎的な学習を保障するというのであれば、「私たちのスポーツ」を協働の中で生成する力を養うことを求めることが求められることから、体育の役割は、学習者のスポーツ的自立を支援することとなります。そして、スポーツ的な自立とは、スポーツにおける自立とスポーツに対する自立に分けて考えることができます。

　このようなスポーツにおける自立は、スポーツ生活について自分自身で目標を設定し、計画し、自らの創意工夫でそれを実践し、さらには評価・反省することができるといった、いわば、スポーツ生活の中での自立を指しています。もう一方のスポーツに対する自立は、スポーツからいったん離れてスポー

ツを対象化して客観化して他の文化、経済、政治などとの関連で自ら正しく判断できるといった側面です。

したがって、体育の学習を、単に「技術・知識の獲得」と捉え、指導を「技術・知識の伝達」と捉えることは、困難です。むしろ、子どもたちが運動にかかわり、スポーツ文化を生成していくことを支援するために、学習を「運動の意味生成、学習内容の生成」と捉え、指導を「かかわり合いを結ぶこと」と捉える必要があります。このようなことによって、体育が「生涯スポーツの保障」につながると考えられます。

欠乏動機から「できる」を増やしていくこと希求してきた体育を改め、今もっている力で試すという出力を大切にする体育へ転換が図られているといえます。その際に、自分（みんな）で考え、判断していく資質能力が求められているといえるでしょう。これは活用する力とも言い換えることができるかもしれません。そして、教師は、運動やスポーツに子どもをフィットさせる授業から子どもに運動やスポーツをフィットさせる授業へと転換していくことが求められているといえるでしょう。

【考えるタネ】

1. 文部科学省の資料などを参考にして、学習指導要領の変遷を整理した表2 -1と表2-2の続きを予想して作成してみましょう。

2. 現代における体育が果たす役割と教科内容について考えてみましょう。そして、それを学ぶことが、子どもたちが生涯にわたって生きていく中でどのような価値を与えることになるのかを考えてみましょう。

《栄養となる書籍》

○奈須正裕（2021）個別最適な学びと協働的な学び、東洋館出版社。

○神谷拓（2017）対話でつくる 教科外の体育 ― 学校の体育・スポーツ活動を学び直す、学事出版。

参考文献

1)　荒井貞光（2003）クラブ文化が人を育てる ― 学校・地域を再生するスポーツクラブ論、大修館書店。

2)　池田延行（2008）学習指導要領に見る体育科の変遷と今後の課題、体育・スポーツ科学研究、8：1-5.

3)　松田恵示（2001）交叉する身体と遊び あいまいの分化社会学、世界思想社。

4)　須甲理生・助友裕子（2017）保健体育科教職志望学生における保健体育教師イメージの変容：模擬授業とその省察を中核に展開した教科教育法の前後に着目して、日本女子体育大学紀要、47：49-63.

5)　高橋健夫（1997）体育科の目的・目標論、竹田清彦ほか編著：体育科教育学の探求、大修館書店。

6)　友添秀則（2002）体育科の目標論、高橋健夫ほか編著：体育科教育学入門、大修館書店。

7)　友添秀則（2015）学校カリキュラムにおける体育領域の位置と役割、岡出美則ほか編著：新版体育科教育学の現在、創文企画。

8)　宇土正彦（2000）教育のなかでみる体育授業の基本的特徴、宇土正彦ほか編著：（新訂）体育科教育法講義、大修館書店。

9)　米津光治（2017）日本の学校体育の変遷と課題、生活科学研究、39：173-182

第 II 部

体育の学習内容論

第 **3** 章

体育という旅の目的地とは何？
― 体育の目的・目標を考える ―

1. なぜ体育を「旅」と捉えるの？

　もし、あなたが「体育で何を学ぶのでしょうか？」と質問されたら、何と答えますか？　そのことについて本章で考えていきたいと思います。

【考えてみよう①】
　下のグラフは、小学生を対象にした体育に関する意識調査の結果（文部科学省、2015）です。この結果を見て、体育を「楽しい」と感じている率上位校の児童が受けている授業の傾向について考えてみてください。

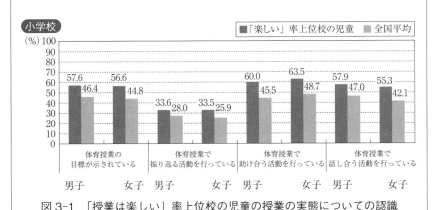

図 3-1　「授業は楽しい」率上位校の児童の授業の実態についての認識
（文部科学省、2015）

質問16 これまでの体育の授業で「できなかったことができるようになった」きっかけ、理由はどのようなものがありましたか。当てはまるものをすべて選んでください。

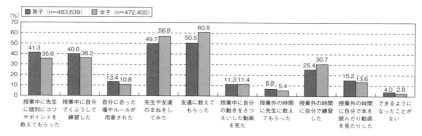

図 3-2　できなかったことが、できるようになったきっかけ
スポーツ庁（2022）

　この調査の結果について、皆さんはどのように考えたでしょうか？ 体育が「楽しい」と感じている率上位校の児童はどのような授業を受けているから、「楽しい」と感じているのでしょうか？ これからの体育を考えていく際の一つのヒントが隠されているように思います。

　この調査によると、「（体育の）授業は楽しい」率上位校の子どもたちは、全国平均の学校の子どもたちと比べて「体育授業で助け合う活動を行っている」や「体育授業で話し合う活動を行っている」という数値が高いです。

　図 3-2 で示されているように、これまでの体育の中で「できなかったことができるようになった」きっかけについて質問したところ、男女ともに1番多かったのが「友達に教えてもらった」（男子50.5%、女子60.8%）です。次いで、「先生や友達のまねをしてみた」（男子49.7%、女子56.8%）でした（スポーツ庁、2022）。

　すなわち、体育を楽しいと考えている層の子どもたちは、授業の中で友だちと助け合ったり、話し合ったりする活動が保障された学びに触れていることが推察されるとともに、多くの子どもたちにとって、授業中に友だちに教わったり、友だちの真似をしてみたりするなど、他者と関わり合った学びを経ることで学習内容の定着が図られたり、体育への好意的な気持ちが増加していったりすることが考えられます。

　小学校教師の意識調査（スポーツ庁、2022）によると、授業中に子ども同

士で「助け合ったり、役割を果たしたりする活動を取り入れていますか」の質問に「いつも取り入れている」（40.7%）、「だいたい取り入れている」（56.6%）と回答しています。加えて、子ども同士で「話し合う活動を取り入れていますか」の質問に「いつも取り入れている」（59.5%）、「だいたい取り入れている」（38.5%）と回答しています。このように、教師も助け合いや話し合いなどといった子どもたちの関わりが生み出されるような授業を行おうとする意識があることが理解できます。

　このような、授業における関わり合いを重視する論の底流には、「学習とは、所与の知識の個人的獲得ではなく、学習者が他者とかかわりのある活動を通して、意味を構成していく社会的行為である」（広石、2005）という思想があります。例えば、鉄棒運動で考えてみると、鉄棒運動が苦手な子どもにしてみれば、鉄棒という道具は痛くて冷たい存在であり、とても休み時間にこの冷たい鉄の棒に触って遊ぼうなどとは思えません。しかし、体育で鉄棒運動がもつ魅力に触れ意味づけが変わると、この痛くて冷たい棒は遊び道具に変わり、ひょっとすると、休み時間にも遊んでみたいと考えるようになるかもしれません。この子どもにとっての意味づけが変わる場面ではともに学んでいる友だちや教師の存在も重要です。そのため、われわれは子どもたちが社会的な関わりの中で運動に対する意味を更新しながら学んでいるという事実を認識する必要があると考えています。

　ここまで述べてきたように、体育では友だちや教師との関わりといった社会的な関係の中で、運動との関係や自分自身への意味づけを変化し続ける渦中に子どもたちは身を投企しています。この状況はさながら、体育という冒険の旅に子どもたちが出発し、旅の中で新たな運動との関係や自分自身への意味づけを更新しながら旅を続けていると捉えることができるのではないでしょうか。その意味で、本章では体育を学ぶことを「体育という学びの旅」として捉えています。

　体育では他者と協働して学び、夢中で体育に取り組んでいくその営みの中で知識や技能といった事柄を、意味を伴って学ばれていくことを重視しています。しかし、教師が体育で他者との関わりを通して、学習者に運動のおもしろ

さや喜びを味わわせることを意識していても、子どもはそのように感じていないという意識のズレ（岡野・山本、2003）が指摘されています。本書で重視しているような、子どもたちの社会的な関わりのなかで、「運動の意味生成、学習内容の生成」が尊重されている体育があまり実施されていないという現実（長見、2006、2013）が考えられます。これは、佐藤（1995）による、学びという行為には他者との社会的な関係の中で意味が形成されていくという側面があるにもかかわらず、学校教育では、未だ個人主義的な枠組みの中で学習が展開されているという指摘と共通しているといえます。

　フランスの作家マルセル・プルーストは旅についてこんな言葉を残しています。

　　　The real voyage of discovery consists not in seeking new landscapes, but in having new eyes.
　　　真の発見の旅とは、新しい景色を見ることではない。新しい目で見ることなのだ。

　プルーストの言葉を借りるならば、「体育という学びの旅」の旅人は何か新しい景色を目の当たりにしたという事実だけではなく、そこから新しい見方・考え方で物事を捉えることができるようになるということだといえます。

　すなわち、体育という学びの旅の目的は、授業を通して、何か新しい動きや技ができるようになったということや記録が向上したということだけではなく、授業の中で、何か新しい見方・考え方ができるようになったということも大切であると考えられます。

　指導者である私たちは動きや技の獲得や記録の向上といった側面に囚われすぎるのではなく、子どもたちが自分自身に問い掛け、体育や運動と新しい関係を結べるような視点を持つことが求められます。体育あるいは運動と自分との新しい関係を紡ぎなおしていく営み、そこに体育という学びの旅の目的地があると考えます。

2.「旅」の目標と目的地

　それでは、この体育という学びの旅の目的地は何でしょう？　旅は散歩では
ありません。

【考えてみよう②】
　散歩と旅の違いについて、イメージしたまま小学6年生に絵に描いてもらい
ました。どちらが散歩でどちらが旅だと思いますか？

図3-3　散歩と旅のイメージ

　散歩とは、「（行き先・道順などを特に詳しくきめることなく）気楽に出て歩
き回ること」（新明解国語辞典第三版）とあるように、行き先を特に決めず気
が向くまま出かけるという意味を持つものと捉えられます。上の右側にある散
歩の絵では、気軽に犬を連れて散歩に出掛けている様子が描かれています。
　一方、旅とは「自宅を離れて、ある期間ほかの土地で・不自由に（のんびり
と）暮らすこと」（新明解国語辞典第三版）と記しています。すなわち、旅と
いう言葉には、住み慣れた土地を離れ、別の土地で生活するという意味があり
ます。そのため、左側の絵では、大きなかばんを持っていると考えられます。
　両者の言葉の意味を解釈すると、旅という言葉には「自宅を離れる」という

時点で、何か意図性を感じることができ、「気楽に出て歩き回る」という散歩に比べ、目的意識が含意されている言葉として受け取れます。

その意味で、学習指導要領の体育科の目標として「体育や保健の見方・考え方を働かせ、課題を見付け、その解決に向けた学習過程を通して、心と体を一体として捉え、生涯にわたって心身の健康を保持増進し豊かなスポーツライフを実現するための資質・能力」（文部科学省、2017）を育成することを目指すことを示されていることから、体育科として、生涯にわたって、自己の心身の健康を保ったり、向上させたりするためのスポーツライフを送るための資質・能力を培うことが、ひとまず、体育科の旅の目的地として考えられるのではないでしょうか。なお、上の絵の答えは、左側の絵が旅で、右側の絵が散歩です。あなたが抱いているイメージと重なっていたでしょうか？

【考えてみよう③】
　「生涯を通じて、自己の心身の健康を保ったり、向上させたりするためのスポーツライフを送るための資質・能力」とはいったいどのようなことでしょうか？「どのような資質・能力があると生涯を通じたスポーツライフを送ることができるか」という視点から考えてみましょう。

学習指導要領解説体育編（文部科学省、2017）では、以下のように育成することを目指されています。

1) その特性に応じた各種の運動の行い方及び身近な生活における健康・安全について理解するとともに、基本的な動きや技能を身に付けるようにする。

2) 運動や健康についての自己の課題を見付け、その解決に向けて思考し判断するとともに、他者に伝える力を養う。

3) 運動に親しむとともに健康の保持増進と体力の向上を目指し、楽しく明るい生活を営む態度を養う。

　以上が学習指導要領解説体育編（文部科学省、2017）に記されている体育
の"目標"です。学習指導要領では「理解する」や「動きや技能を身に付け
る」「思考し判断する」「他者に伝える力を養う」「態度を養う」といった内容
が示されています。これらの内容を言い換えれば「知識・理解」「技能」「思
考・判断」「表現力」「態度」として整理することができます。

　上記の５つの内容が「生涯を通じて、自己の心身の健康を保ったり、向上さ
せたりするためのスポーツライフを送るため」の"資質・能力"であると理解
できます。ここで整理された内容は体育の"目標"ではありますが、「目標＝
目的地」と考えていいのでしょうか？

　もう少し、丁寧に目標と目的地という言葉について考えていくと、"目標"
とは「それからはずれまい、そこまで届こう（かせよう）とねらうもの」（新
明解国語辞典第三版）です。一方、目的地における"目的"とは「行動する目
標として考えられた、そう・したい何事か（なりたい何者か）」（新明解国語辞
典第三版）です。すなわち、目的という言葉には「そうしたい」や「そうなり
たい」といった憧れが含意されており、目的"地"ですから、学習者である子
どもが目指したい場所（もしくは、目指したくなる場所）を指していると考え
られます。この論を踏まえると、目的地とは子ども自身が目指したくなる場所
や地点として理解することができるでしょう。

　その意味で、学習者である子どもたちは目指したい目的地に向かって探求
していく営みの中で、体育の目標である「知識・理解」「技能」「思考・判断」
「表現力」「態度」といった内容を身につけていくと考えられるのではないで
しょうか。

3.　体育という旅の目的地

　前項までの議論により、旅には目的地が必要であることが理解されまし
た。体育を船旅に例えるならば、航海に出る船長や船員はその目的地があるか
らこそ、共通のビジョンを見ることができ、目的を共有し、協働して旅を続け
ることができます。そして、学習者である子どもは旅の目的地へ向かって探求

していく営みの中で、体育の目標である「知識・理解」「技能」「思考・判断」「表現力」「態度」といった内容を身につけていきます。

　旅の目的地について、佐久間・鈴木（2010）は教師が規定されている学習内容を子どもたちに授けるという考え方から、授業における社会的な関係によって学習内容が構成されているという考え方への転換を主張しています。

　このような、授業づくりについて、岡野ら（2006）や佐久間・鈴木（2010）は、授業における子ども自身（私）と友だちや教師といった他者と教具や場の雰囲気といったモノのかかわりによって、学習内容が生み出されていくということを主張しています。

　それでは、子ども自身（自己）と他者とモノの三項によるかかわりを重視するといっても、子どもは何が原動力となって運動に参加していくのでしょうか。そのことについて、鈴木（2007）は、子ども自身による運動に対する意味生成の重要性を示唆したうえで、この運動の意味生成は、運動することによって感じる快感情が基盤にあると指摘しています。すなわち、運動の意味生成はその取り組んでいる運動そのもののおもしろさを学習者が享受することによって、促されていくといえます。その意味で、体育の最も根源的な部分、あるいは目的地として主張したいことは「運動のおもしろさ」であるといえます。

　また、学習指導要領解説体育編（2017）で示されているように、体育という学びの旅の目的地には「生涯にわたって」という視点が必要であり、生涯にわたって健康で充実した生活を営むために、スポーツや身体活動とのかかわりが強調されています。すなわち、私たち体育を実践する者が、近視眼的な発想で授業を捉えるのではなく、学習者である子どもたちの人生のすべての過程という将来を展望した広い視野で、体育という旅をデザインしていく必要があるといえます。

　体育という学びの旅をデザインしていくうえで、子どもたちが夢中に没頭して取り組むことができなければ、技能も知識も身に付けることができない（SHAPE America、2014）と指摘されています。先述したように、それは子どもが参加するそれぞれの運動が包含する領域固有のおもしろさを、子どもが存分に味わうという旅の目的地へと教師が誘いながら、取り組んでいる運動に

関する知識や技能、思考・判断といったものが分かつ離れず、一体となりながら学ばれていくものと考えられます。

【考えるタネ】

　本章では体育という旅の目的地について考えてきました。私たちは体育を「授業」や「学校」で完結する教科として理解するのではなく、子どもたちの学びを広く捉え、「生涯にわたって」健康で充実した生活を送るために知識や技能といった学習内容が存在していると捉えていく必要があります。そのことを踏まえたうえで、下記の質問について考えてみて下さい。

　「体育の "旅の目的地" とはどのような事柄を指しますか？ そして、学習者である子どもは "旅の目的地" まで歩んでいく中で、何を学んでいくのでしょうか？」

《栄養となる書籍》

○ SHAPE America（2014）National Standards & Grade-Level Outcomes for K-12 Physical Education. Human Kinetica.
○ 動きの「感じ」と「気づき」を大切にした器械運動の授業づくり（2012）、細江文利ら編、教育出版

参考文献

1) 広石英記（2005）ワークショップの学び論 ─ 社会構成主義からみた参加型学習の持つ意義 ─、日本教育方法学研究 31：1-11.
2) Marcel Proust 著，C. K. Scott Moncrieff & Terence Kilmartin 英訳（1981）In Search of Lost Time V. Chatto & Windus and Random House Inc：291.
3) 文部科学省（2015）平成 27 年度全国体力・運動能力、運動習慣等調査報告書、pp.26-29.
4) 文部科学省（2017）学習指導要領解説体育編、東洋館出版、pp.1-35.
5) 佐久間望美・鈴木直樹（2010）体育の学習内容に関する検討 ─ 学習概念の転換〈学び〉を契機として ─、埼玉大学紀要教育学部 59（1）：93-100.
6) 佐藤学（1995）学びの対話的実践へ、佐伯胖・藤田英典・佐藤学編、学びへの誘い、東京大学出版会、pp.49-92.
7) SHAPE America（2014）National Standards & Grade-Level Outcomes for K-12

Physical Education. Human Kinetica. pp.3-14.

8)　スポーツ庁（2022）令和 3 年度全国体力・運動能力、運動習慣等調査報告書、p.51、p.80.

9)　鈴木直樹（2007）運動の意味生成を支える体育授業における諸要因に関する研究 — N 小学校 2 年生体育授業における M-GTA を活用した分析を通して —、臨床教科教育学会会誌 7（1）：63-78.

第**4**章

体育の学びのラーニング・コンパスって どんなもの？
― 運動の特性と運動領域を考える ―

1．ラーニング・コンパスとは

　本書では、体育という学びの旅の中で子どもたちが、体育や運動と自分との関係を編みなおし、意味を変化させ続けていくと考えています。旅にはその旅をエスコートするコンパス（羅針盤）が必要になります。本章ではOECDラーニング・コンパス（学びの羅針盤）2030を参考にして考えていきます。

　ラーニング・コンパスとはOECD Future of Education and Skills 2030プロジェクトで示された概念です。OECD（2019）によると、「教育の幅広い目標を支えるとともに、私たちの望む未来（Future We Want）、つまり個人のウェルビーイングと集団のウェルビーイングに向けた方向性を示します」と述べられています。OECDが示しているウェルビーイングとは「生徒が幸福で充実した人生を送るために必要な、心理的、認知的、社会的、身体的な働き（functioning）と潜在能力（capabilities）」として定義されています。

　ラーニング・コンパスでは子どもたちがウェルビーイングを実現していくために自ら主体的に目標を設定し、振り返りながら、責任ある行動がとれる力を身に付けることが重視されています（中央教育審議会、2021）。ラーニング・コンパスの構成要素には学びの中核的な基盤、知識、スキル、態度と価値、よりよい未来の創造に向けた変革を起こすコンピテンシー、見通し（Anticipation）、行動（Action）、振り返り（Reflection）のAARサイクルが含まれます（OECD、2019）。

　ラーニング・コンパスは「学習の枠組み」とされており、子どもたちが2030年に活躍するために必要なコンピテンシーの種類に関する幅広いビジョンを提示し、測定できないものに価値を認めています（OECD、2019）。すなわち、見えやすい学力だけではなく、見えにくい学力にも目を向ける必要があります。体育では、運動の結果に着目するのではなく、そのプロセスでどのような学習がなされ、能力を発揮したかといったことが大事であると考えられます。

　ラーニング・コンパスは、子どもが教師の決まりきった指導や指示をそのまま受け入れるのではなく、未知なる環境の中を自力で歩みを進め、意味のある、また責任意識を伴う方法で、進むべき方向を見いだす必要性を強調しています（OECD、2019）。すなわち、子どもが体育で、自分と運動との関わりの意味を変化させ、学習を自分の思いと合致させていく姿が求められます。

　このような授業の姿は令和の日本型学校教育で主張されている「個別最適な学び」という考えと合ってきます（中央教育審議会、2021）。個別最適な学びでは、学習の個性化が求められ、子ども一人ひとりの興味・関心等に応じ、教師が一人ひとりに応じた学習活動や課題に取り組む機会の提供を行います。そして、子どもたち一人ひとりが異なる目標に向けて、学習を深め、広げる授業が求められています。ラーニング・コンパスで求められている見えにくい学力は、個別最適な学びの中でより培えていくのではないでしょうか。

【考えてみよう①】
　小学校6年生の鉄棒運動で「個別最適な学び」を目指したいと考えています。そのような授業では子どもたちがどのような技に取り組んでいる姿が思い浮かぶでしょうか？

　学習の個性化が求められる鉄棒運動において、逆上がりにチャレンジしている子もいれば、片膝掛け振り上がりにチャレンジしている子、前回り下りにチャレンジしている子、それぞれの子どもがそれぞれの目標に向けて夢中になって学習することが尊重されます。令和の日本型学校教育ではあらゆる他

者を価値のある存在として尊重するため、難度の低い技に取り組んでいる子がいたとしても、その学びも価値あるものとして尊重されるべきだと考えられます。

2. 学習の個性化における子どもたちが身に付けるべき資質・能力

　前節では OECD ラーニング・コンパスを受け、体育における個別最適な学びについて考えてきました。これは令和の日本型学校教育ですが、体育を通して子どもたちが身に付けるべき資質・能力はどの子にも通底して願われています。それを検討していくため、体育を通じて「子どもたちが身に付けるべき資質・能力」という位相と「学ぶべき内容」という位相から考察していきます。

【考えてみよう②】
　体育を通じて子どもたちが身に付けるべき資質・能力について、考えてきたいと思います。下記の文章は学習指導要領解説体育編（文部科学省、2017）に記されている文章です。

　　「予測困難な社会の変化に主体的に関わり、感性を豊かに働かせながら、どのような未来を創っていくのか、どのように社会や人生をよりよいものにしていくのかという目的を自ら考え、自らの可能性を発揮し、よりよい社会と幸福な人生の創り手となる力」（文部科学省、2017）

　上記の力が「生きる力」と定義されています。体育という学びの旅を通して、「生きる力」を育む見通しが描かれていなければなりません。上記で示されている「生きる力」ですが、体育に引き寄せて考えるとどんな力だといえるでしょうか？

　上記の問いについて、考察を深めるために、もう少し丁寧に「生きる力」について理解していきたいと思います。「生きる力」は学校の教育課程全体を通して育成することが目指されています。したがって、当然、体育でも育成することが求められます。学習指導要領（文部科学省、2017）では「生きる力」

表4-1　「生きる力」の育成を目指す３つの柱

（文部科学省、2017）

ア「何を理解しているか、何ができるか（生きて働く「知識・技能」の習得） イ「理解していること・できることをどう使うか（未知の状況にも対応できる「思考力・判断力・表現力等」の育成） ウ「どのように社会・世界と関わり、よりよい人生を送るか（学びを人生や社会に生かそうとする「学びに向かう力・人間性等」の涵養）」

を育成するために３つの柱を提示しています。

　この３つの柱を育成するエキスを、子どもたちが「運動固有のおもしろさ」を原動力としながら、体育という学びの旅に出ている中で吸収し、成長していくことが目指されています。

　したがって、体育という学びの旅に子どもたちが出発して、単に新しい技ができたとか、記録が向上したということだけでは不十分であることがいえます。子どもたちが小学校で出会うさまざまな運動に参加していく中で、結果として、「生きて働く『知識・技能』」を習得し、「未知の状況にも対応できる『思考力・判断力・表現力等』」を育成し、「学びを人生や社会に生かそうとする『学びに向かう力・人間性』」の涵養を目指していくことが求められます。

3.　学習内容から捉えるラーニング・コンパス

　体育で「生きる力」の育成を目指す３つの柱へアプローチするには、何を仲介させてアプローチさせていくのでしょうか。それは身体活動を伴う体育の独自性ともいえる運動です。本章の第１項でも述べたように体育のラーニング・コンパスは、体育を通じて「学ぶべき内容（学習内容）」という位相からも考えていかなければなりません。

　小学校で出会う運動について理解するために、学習指導要領解説体育編（文部科学省、2017）でどのように整理されているのか見ておく必要があります。加えて、視野を広げるため米国のナショナル・スタンダード（SHAPE America、2014）も補足的に参考にしながら、運動という視点から体育のラー

表4-2 日本の小学校学習指導要領の運動領域

（文部科学省、2017）

学年	1・2	3・4	5・6
領域	体つくりの運動遊び	体 つ く り 運 動	
	器械・器具を使っての運動遊び	器 械 運 動	
	走・跳の運動遊び	走・跳の運動	陸上運動
	水遊び	水 泳 運 動	
	ゲ ー ム		ボール運動
	表現リズム遊び	表 現 運 動	
	保 健		

ニング・コンパスについて理解していきたいと思います。

　小学校体育は学習指導要領解説体育編（文部科学省、2017）では上表の通り、それぞれの発達段階で取り組む運動領域が示されています（表4-2参照）。

　学習指導要領解説体育編（文部科学省、2017）では、体育という学びの旅の前提として、「生涯にわたって」という視点があります。これは、米国のナショナル・スタンダード（SHAPE America、2014）でも同様です。例えば、学習指導要領解説体育編（文部科学省、2017）には「児童生徒の発達の段階を踏まえて、学習したことを実生活や実社会に生かし、豊かなスポーツライフを継続することができるよう」と示されています。そのため、体育での学びと生活や今後の将来をつなぐ視点が求められています。

　体つくり運動系は、「体ほぐしの運動遊び」や「体ほぐしの運動」といった「体ほぐしの運動系」と、「多様な動きをつくる運動遊び」や「多様な動きをつくる運動」「体の動きを高める運動」といった「多様な動きをつくる運動系」から構成されています。体ほぐしの運動系は、「自己の心と体との関係に気付くことと仲間たちと交流することをねらいとし、誰もが楽しめる手軽な運動（遊び）を通して運動好きになること」（文部科学省、2017）を目指しています。

　加えて、「多様な動きをつくる運動系」で示されているような、体の多様

な動きを洗練させていくという主張は、米国のナショナル・スタンダード（SHAPE America、2014）においても重視されており、日米両国とも生涯にわたるスポーツライフの基礎的な技能を種目に特化するのではなく、種目横断的な発想で重視することが共通しています。いわば、体つくり運動系は、すべての運動領域の基盤となる内容が含まれており、運動領域という扇の要の部分をなしているといえます。

　また、日本では高学年の「体の動きを高める運動」では「体の柔らかさ及び巧みな動きを高めること」（文部科学省、2017）に重点を置くことと示されていますが、米国もストレッチなどが示されているように、小学生期では体の力強さの向上を目指すというよりも、柔らかさや巧みな動きを高めることに主眼が置かれているといえます。この点も、両国で共通されており、スキャモンの発育曲線で示されているように、小学校期では、力強さや持久力といった要素よりも多様な動きを経験させることによる巧みさの向上や、敏捷さに着目したほうが効果的である（西、2008；國土、2018）という論と趣旨が重なると考えられます。

　器械運動系は「『回転』、『支持』、『懸垂』等の運動で構成され、様々な動きに取り組んだり、自己の能力に適した技や発展技に挑戦したりして技を身に付けたときに楽しさや喜びを味わうことのできる運動である」（文部科学省、2017）と示されています。ここで指摘されている「回転」や「支持」「懸垂」といった動作は用具との関わりの中で生まれる運動です。したがって、器械運動系の特徴として、用具と自分との関わりの中で、非日常的な運動世界と出会えるという魅力があると考えられます。子どもたちにしてみれば、その非日常的な運動世界をもっと楽しみたいから、自分の能力に適した技やさらなる発展技にチャレンジすると考えられます。そして、その夢中で取り組んでいく営みの中で、器械運動ならでは「回転」や「支持」「懸垂」といった動作や関連した知識などが洗練されていくという特徴を有しています。

　陸上運動系は学習指導要領解説体育編（文部科学省、2017）では、中学校では陸上競技という示し方ですが、小学校では、走・跳の運動遊び（低学年）、走・跳の運動（中学年）、陸上運動（高学年）という示し方にも表れてい

るように、公式のルールに則った陸上競技を指導するというよりも、発達段階に合わせて柔軟に学習し、中学校や高校以降のスポーツライフを見据えたFundamental motor skills（基盤となる運動技能）を培うことに主眼が置かれているといえます。また、陸上運動系は「『走る』、『跳ぶ』などの運動で構成され、自己の能力に適した課題や記録に挑戦したり、競走（争）したりする楽しさや喜びを味わうことができる運動」（文部科学省、2017）と述べられています。これらの運動はシンプルな動きで構成されていますが、体全体を使って、素早く動いたり、力強く動いたりする魅力を味わいながら学べる運動領域であると考えられます。

　水泳運動系は、「水の中という特殊な環境での活動における物理的な特性（浮力、水圧、抗力、揚力など）を生かし、浮く、呼吸する、進むなどの課題を達成し、水に親しむ楽しさや喜びを味わうことのできる運動である」（文部科学省、2017）と示されています。したがって、水泳運動系を特徴づけているものは水という物理的な特性です。そして、その独自の運動世界の中で、浮力や水圧、抗力、揚力を味わいながら、この運動の魅力に触れていく営みの中で、浮く、呼吸する、進むなどの課題について習熟していくという特徴を有していると考えられます。

　ボール運動系は「競い合う楽しさに触れたり、友達と力を合わせて競争する楽しさや喜びを味わったりすることができる運動である」（文部科学省、2017）と示されています。そのため、集団対集団で得点などを競い合い、そこで生まれる魅力を味わい、運動課題を克服しながら、自分や自分たちのグループをよりよくしていくという特徴を有する運動領域であると考えられます。

　表現運動系は、「自己の心身を解き放して、イメージやリズムの世界に没入してなりきって踊ったり、互いのよさを生かし合って仲間と交流して踊ったりする楽しさや喜びを味わうことのできる運動である」（文部科学省、2017）と示されています。そのため、表現運動系では、イメージやリズムの世界に没入し、心と体が融合しながら、心身が解き放たれるという特徴を有する運動領域だと考えられます。イメージやリズムの世界で遊ぶというのは非日常的な世界であり、その運動世界にのめりこむという経験だけでも価値があると考えられ

ます。

4. 重なり合うラーニング・コンパス

　ここまで、各運動領域に分けて議論をしてきましたが、保健領域では「社会の変化に伴う現代的な健康に関する課題の出現」（文部科学省、2017）を受けた授業づくりが求められています。現在、新型コロナウイルス感染症という世界的な感染拡大を受け、さらに保健領域の重要性が高まってきています。その際、変化し続けている社会の健康に関する課題に対応し、子どもたちが生涯にわたって正しい健康情報を選択したり、健康に関する課題を適切に解決したりすることが求められています（文部科学省、2017）。この保健領域で培いたい力については運動領域と関連させたり、生活場面と関連させたりするなど子どもにとって身近に感じ、必要感を持って学習する必要があると考えられます。その意味で、保健領域は運動領域から独立して学習するのではなく、関連性のある領域であると捉えられます。

　また運動領域間の関わりについては、例えば、ボール運動では全速力で走ります。その場合は、陸上運動系と関連するわけですし、さらには多様なステップで相手をかわすことやボールを投げる・捕るといった動作も生まれます。これらの動きは体つくり運動で培っています。このように、それぞれの運動領域間も関連づけながら学ばれているといえるでしょう。

　ここまで述べてきたように、運動領域や保健領域を学ぶことを通して、「生きる力」を育成する3つの柱が培うことが求められています。例えば、器械運動で行われる自分の体を支えるという動作ですが、どのようにすれば安定して支えることができるかといった「生きて働く『知識・技能』」があり、これを活用して、課題を克服する際に既有の知識や技能を生かして、「未知の状況にも対応できる『思考力・判断力・表現力等』」が発揮されるのだと考えられます。その意味で、「生きる力」を育成する3つの柱も相互に関連し合っています。

　したがって、体育を通じて「子どもたちが身に付けるべき資質・能力」とい

う位相と「学ぶべき内容（学習内容）」という位相の２つの層が相互に関連し合っているといえます。このような内容を理解して、体育を計画・実践するためにラーニング・コンパスが重要になってくると考えられます。

【考えるタネ】

　子どもたちが「運動固有のおもしろさ」に触れることを原動力としながら、体育という学びの旅に出ます。その旅の中で、「何を理解しているか、何ができるか（生きて働く「知識・技能」の習得）や「理解していること・できることをどう使うか（未知の状況にも対応できる「思考力・判断力・表現力等」の育成）、「どのように社会・世界と関わり、よりよい人生を送るか（学びを人生や社会に生かそうとする「学びに向かう力・人間性等」の涵養）」といった内容を身に付け、少したくましくなって家に帰ります。

　「『生きる力』の育成を目指す３つの柱」は学びの旅の道程にちりばめられており、旅人である子どもたちは教材（例えば、ハードル走や鉄棒運動）という旅行先で、旅することを通して身に付けたり、新たな見方・考え方に出会ってきたりします。それらの総体を「体育という学びの旅」として理解することができるのではないでしょうか。

　上記のことを踏まえて答えてください。小学１年生のケンパー遊びでは、どのように工夫することで「生きる力」を育むことができると思います？

《栄養となる書籍》

○SHAPE America（2014）National Standards & Grade-Level Outcomes for K-12 Physical Education. Human Kinetica.
○子どもの未来を創造する体育の「主体的・対話的で深い学び」鈴木直樹ら編、創文企画。

参考文献
1）　中央教育審議会（2021）「令和の日本型学校教育」の構築を目指して（答申）。
2）　國土将兵（2018）低学年で身につけておきたい「運動能力」をエビデンスベースで考える、体育科教育66（9）：12-16.
3）　文部科学省（2017）学習指導要領解説体育編、東洋館出版、pp.1-35.
4）　西政治（2008）日本サッカーにおける育成期一貫指導の重要性と課題 ─ 世界に通用する

選手育成 ― 、京都学園大学経営学部論集 18（1）：173-196.

5)　OECD ラーニング・コンパス（学びの羅針盤）2030 仮訳（2019）：1-14.

6)　SHAPE America（2014）National Standards & Grade-Level Outcomes for K-12 Physical Education. Human Kinetica. pp.3-14.

第 5 章

体育の学びの見通しは？
― 子どもの心と体の発達を考える ―

1. 体育という学びの旅

　学習者である子どもたちの学びはどう更新（アップデート）されていくのでしょうか。本章の主題は、「子どもがどのように体育という学びの旅をアップデートしていくのか」について理解を深めていくことです。体育という学びの旅のアップデートを考えていく際に、対象である小学校期の子どもについて整理しておくことで理解が深まります。そのため、6年間という小学校段階の子どもたちの発達段階に着目して議論をし、運動領域の系統性について考えていきたいと思います。

2. 小学生という特徴

【考えてみよう①】
　無藤（1991）は小学校期の子どもの特徴として、「仲間への同調」を挙げています。「仲間への同調」とは「仲間集団にどのように受け入れられるか、どのように思われるかということが強く優先する」（無藤、1991）とされる時期です。そして、二人っきりの親友というよりも、時には10人を超えるほどの仲間を形成します。さらに、「仲間での規範がどのようなものか、ということに子どもたちはきわめて敏感だし、その規範に少しでも違反しないように気を遣う」（無藤、1991）ため、暗黙裡に仲間集団に受け入れられるような行動規範を身に付け、集団として行動する傾向があると考えられます。

　この同調性により、「本当はかなり大きいはずの個人差を一見隠し、小学生が集団で行動するのを助ける」（無藤、1991）とされます。いわば、仲間集団から逸れるような突拍子もない、あるいは、創意工夫溢れるアイディアが生まれにくい反面、集団として行動させるには適切な発達段階であると考えられます。

　この「仲間への同調」のプラスの側面を生かして、あなたならどのように授業を工夫しますか？　逆に「仲間への同調」のマイナスの側面を踏まえ、それを改善するために、どのような働きかけが求められますか？

　幼稚園期の友人関係の基準は家が近いなど物理的に近い仲間と友だちになりやすいのですが、小学校に入学し、中学年頃になるにつれ、遊びや勉強への取り組み、性格が似ているといった人と友人になりやすくなるという友人関係の変化が訪れます（清水、2009）。そして、友人関係の質が変わってくる小学生期にある「暗黙裡に仲間集団に受け入れられるような行動規範を身に付け、集団として行動する傾向」（無藤、1991）を生かすためには、体育ではルールづくりが求められます。これは、教師が明示的に示すだけに留まらず、学級の雰囲気として、仲間集団の力を借りるや環境をつくるといった視点で授業のルールを形成することで授業に秩序が生まれやすくなります。

　一方、「仲間への同調」があるからこそ、他者とは異質な考え方や動き方を表現することに躊躇してしまう傾向も考えられます。これについては、学級風土や体育風土として、異質な考え方や動き方といったことに対して、教師が積極的に尊重する姿勢を示すことが求められます。

　友だち間で形成された暗黙のルールは絶対的な拘束力を有するこの時期は、例えば、寒い冬の体育で本人が「寒い」と感じていても、学級で一人だけ長袖の服を着て体育に参加することに対して、強い抵抗感を示し、周囲に合わせて半袖で授業に参加しようする時期だと考えられます。

　加えて、無藤（1991）は小学生期の特徴として、「思考が具体的」と述べています。無藤（1991）によると、「具体物を対象にする限りでは、それなりに論理的に考えることができるが、なかなかそれを抽象化させることが難しい」

とされる時期です。すなわち、見たり触れたりできたり、生活の場面で遭遇するような状態の対象であれば、論理的な思考が可能になってきますが、生活の場面から離れた対象を理解することは非常に困難な時期です（無藤、1991）。

　例えば、子どもたちが経験したことがないボール運動を行う際は、抽象的な言語のみの説明では理解しづらく、実際に子ども数名にボール運動のデモンストレーションを行わせることで理解できる時期です。このような時期では、ボール運動の授業などでチームの作戦を考える場面においても、言語や図で考え方を共有するだけではなく、実際に体を動かしながら、考え方を共有するという実感を伴った理解をさせる手立てが必要になります。

　さらに、無藤（1991）は小学生期の特徴として「情緒の安定」を挙げています。「情緒の安定」とは、「幼児期は、自分の興味や欲求に動かされやすい時期であるから、非常に不安定な時期である。また、思春期になると、性的な成熟が始まり、さまざまな生理的、そして、それにともなう心理的な動揺が出てくる。そのために、情緒は不安定になりやすい」（無藤、1991）と示されています。

　すなわち、幼児期は興味や欲求によって、不安的になりやすい発達段階であるが、小学校に入学する時期になると、自分の興味や欲求をひとまず抑え、我慢する力が付いてくるという時期です。その後、中学生の時期になると思春期が始まり、また情緒が不安定になりますが、その幼児期と思春期の間に挟まれる小学生期は、比較的、情緒が安定している時期だといえます。

　小学生期になると、活動や行為そのものに喜びを感じる動機づけに対し、学校での学びの影響が大きくなります（大家、2012）。そのため、小学生期の特徴を教師が理解し、生かしていくことで、より充実した体育に変化し、子どもたち自身も運動すること自体に喜びを感じることができるようになると期待できます。

3. 認知面の発達段階

　前項では、小学校期全般の特徴について述べました。しかし、小学生期は6年間もあります。さらに詳しく見ていくと、そこには大きな発達段階の違いが生じているといえます。小学校期は子どもの発達段階の差が大きく、入学当初は6歳だった子どもが卒業する頃には12歳です。図5-1にあるように、体の発育だけを見ても、入学当初4月〜6月の1年生の平均身長は男子が116.7cm、女子が115.8cm です。そして、最終学年の6年生の4月〜6月になると男子の平均身長が145.9cm、女子が147.3cm です（文部科学省、2021）。身長は3月の卒業時まで伸び続けますから、6年間の小学校生活で男女共に30cm以上は身長が伸びるといえます。

　体の大きさが違うだけで行える運動も異なってくることが理解でき、小学校6年間の発育の大きさを念頭に置く必要があります。身体的な発育の大きさもありますが、認知面の成長も著しいのが小学校期の特徴です。

　小学校の低学年の時期は、「努力をすればするほど能力が高くなるという信念をもっている」（大家、2012）と考えられています。すなわち、体育におい

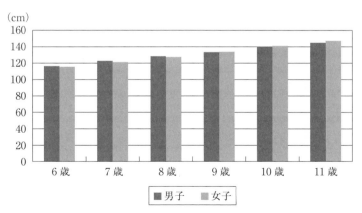

図 5-1　小学生期の身長の発育
（文部科学省、2021）

ても少し、自分には難しそうな運動課題であっても、挑戦し達成してみようという前向きな気持ちを多くの学習者が抱いていると考えてよいでしょう。

　また、低学年の子どもはピアジェの発達理論では具体的操作期の前半の時期として位置づけられています（藤村、2009）。この時期の子どもたちは、「物事の本質を論理的でとらえることが可能になる」（藤村、2009）と考えられています。すなわち、幼稚園から小学校に入学し、体育であっても、見かけ（直観）に左右されるばかりではなく、少しずつですが、徐々に自分（自己内）や仲間たちとの対話の中で、思考を深めることが可能になる時期であると考えられます。そして、友だちや教師との関わりによって、学びが深まるということを理解する「学びの自覚化」（中央教育審議会、2021）に気づかせることでさらに他者との協働的な学び対する意義や価値を見いだせるものと考えられます。

　中学年の時期は、「他者と比較して自分の能力を認識することは難しく、努力すれば皆が同じ結果を得られると考える」（大家、2012）とされます。この時期は、自己中心的な視点から、社会的視点の取得が可能になり、徐々に自分を客観的に見つめられるようになる時期（藤村、2009）ですが、未だ、客観的に自分の能力は劣っており、努力しても無駄だと考える思考は生じにくいです。

　それでも、中学年になると、「自分自身の認知プロセスについての認知」（メタ認知）が発達する時期（藤村、2009）であるため、体育において、自分自身の運動課題について判断することができるようになったり、自分の学習プロセスを内省し、次の学習へ反省を生かしたりすることが可能になる時期だと考えられます。したがって、低学年のころよりも、動きの改善やチームの作戦・練習といった学習プロセスに参与させる働きかけが求められるようになります。

　高学年になると、徐々に「努力したからといって皆が同じ結果を得られるわけではないと考えるようになる。そして他者と比較して自分の能力がどのくらいかを判断する」（大家、2012）ようになります。このように努力をしたからといって、能力も比例するように向上すると考えることができなくなるからこそ、体育の授業中に運動課題に挑戦することができず、無気力に見える子ども

の姿が出現してくると考えられます。このような、体育に対し、これまでの経験によって無気力になる子どもに対し、どのように働きかけたらよいのかという視点がこの発達段階になると強く求められます。

　加えて、高学年はピアジェの発達段階論では形式的操作の初期の段階です。この発達段階では「現実を可能性のうちのひとつと捉えたうえで、潜在的な可能性を考慮し、仮定に基づいた論理的思考（形式的操作）を行えるようになる」（藤村、2009）と考えられています。体育では、例えば、ボール運動の領域であれば、自分たちのチームの状況に対し、より分析的によい点と課題を発見することが可能となり、次回の対戦相手に向けての対策も、妥当性のある対策が取れるようになってくる時期であると考えられます。したがって、論理的な思考ができる発達段階だからこそ、認知面を刺激するような授業の工夫が求められます。

【考えてみよう②】
　本項では、低学年・中学年・高学年でどのような認知面の違いがあるかを議論しました。例えば、ゲーム・ボール運動の授業の中で、チーム内でホワイトボードを用いて作戦会議を行っても、効果的になる時期は何年生からだと思いましたか？

4.　発達段階を踏まえて体育という学びの旅のアップデートを考える

　ここまでの議論で、小学校の 6 年間で認知的な発達が著しいということが理解できました。小学校 1 年生ではできなかった論理的な思考が高学年になるにつれ、可能になります。したがって、運動課題について、自分たちで思考し解決していくという学習を展開する際のさじ加減が大きく異なると考えられます。先述した認知面の発達段階を参考にするならば、低学年期では、自分（自己内）や仲間たちとの対話の中で、自分が行ったことを内省する力をつけ、中学年頃から少しずつ、自分や自分のチームの運動課題について向き合わせ、課

題解決のための方法について検討する力を培います。そして、高学年になるにつれ、自分（たち）の運動課題について分析的に考え、そして、改善策を立て、実際に運動課題の改善に向けて取り組ませていくという学びのアップデートが考えられます。

　体育において、子どもたちが夢中没頭して運動に取り組むという環境と、子どもたちが自身の学習に対する決定権を持っていることの重要さが示唆されています（SHAPE America、2014）。このように、自分の学習に対し、自分で決定していくことで動機づけが高まるという論が自己決定理論（Deci&Ryan、2000）です。自己決定理論とは「内発的に動機づけられたままでいるためには、能力と自律の感情を経験することが必要不可欠である」（ケラー、2010）という論です。したがって、体育においても、子ども自身が自分の学習プロセスに対し、自分（たち）で決定する機会が必要であるといえるでしょう。

　だからといって、まだ自分の学習状況に対し、理解が不十分である発達段階の子どもにこのことを求めてはいけません。このミスマッチが起きると悪しき丸投げ状況が生まれ、子どもの意欲が高まるばかりか、授業としての質が低下すると考えます。先述してきた認知面の発達の論を踏まえ、中学年の頃から自分の学習プロセスについて分析的な目で見ることができるので、少しずつ、運動課題について考えさせ、自分で今後の学習活動について決定する権限を少しずつ委譲していくことが求められます。それでは、低学年の子どもたちには自己決定させる機会を与えないということでしょうか？

　結論としては、自己決定させる機会を与えるべきだと考えます。しかし、認知面としては自分や自分たちのチームを分析する信頼性はあまりありません。低学年の子どもたちは「自分や自分たちのチームの課題を解決するため」というよりも、「自分の興味があるほうへ」という視点が強いと考えられ、興味があるほうへ流されて行ってしまう傾向があるでしょう。教師としては、そのことを理解したうえで、子どもたちに活動の場を選ばせたり、活動方法について考えさせたりするという自己決定させる機会を設けることが必要だと考えます。低学年の頃は興味によって左右されていた子どもたちであっても、メタ

認知や論理的な思考ができる高学年になるにつれ、妥当性のある自己決定ができるようになるのではないでしょうか。それも、体育という学びの旅のアップデートとして理解しておく必要があると考えます。

【考えてみよう③】

　図 5-2（國土、2016）は運動能力の発達速度を表しています。この図を見て、低学年・中学年・高学年のそれぞれの時期に大きく「学びの地図」がアップデートされる能力は何だと思いますか？

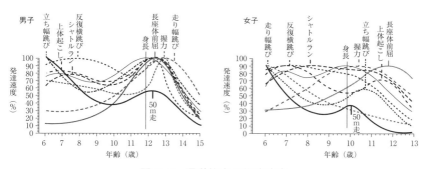

図 5-2　運動能力の発達速度
（國土、2016）

　50 メートル走の記録の伸びに着目すると、幼児から低学年にかけて、1 回目のピークが来ます。その後、男子は 11 歳から、女子は 9 歳頃から 2 回目のピークが訪れます。これは身長が大きく伸びる時期と重なっています。敏捷性を表す反復横跳びや跳躍力を表す走り幅跳びの記録も似たような伸びる時期となります。すなわち、短距離走や敏捷性を伸ばす遊び・運動を行う適齢期は低学年と高学年の時期であるといえます。

　低学年の子どもたちの体の発達は未成熟です。そして、特定の種目に直結する技能を養うことが求められているというよりも、種目横断的な動きを養うことが強く求められています。すなわち、より Fundamental motor skills（基盤となる運動技能）が重視されている発達段階だといえます。

　例えば、学習指導要領の陸上運動系について見てみます。低学年では「走・跳の運動遊び」と示され、中学年で「走・跳の運動」となり、高学年で「陸上運動」となります。そして、中学校で「陸上競技」として示されています。この名称の変化を見ただけで、中学校では競技色の強い陸上競技を学習し、学年が低くなるにつれ、競技色の薄い内容を学習するという印象を持ちます。

　しかし、ここで気をつけなければならないことは、「競技色が薄い＝学習内容が薄い」と受け取ってはならないということです。体の発育が未成熟であり、認知面での発達も未成熟である発達段階だからこそ、競技色の薄い活動に取り組む必要があります。この時期はプレ・ゴールデンエイジ期と呼ばれ、「即座の習得期」と呼ばれるゴールデンエイジ期の基礎を養う時期（西、2008）と考えられています。そのため、変化があり、多様な身体動作が生まれる活動を行うことが重要（西、2008）であり、それを踏まえて体育という学びの旅をアップデートする必要があります。このような考え方は、陸上運動系に留まらず、すべての運動領域で求められています。

【考えるタネ】

　陸上運動系のハードル（または小型ハードル）を使った遊び・運動の授業を小学校1年生と3年生、6年生に実施します。あなたなら、本章で学んだ知見をどのように生かしますか？

《栄養となる書籍》
○藤村宜之編著（2009）、発達心理学 ── 周りの世界と関わりながら人はいかに育つか ──、ミネルヴァ書房
○上淵寿編著（2012）、動機づけ心理学、金子書房

参考文献

1）　中央教育審議会（2021）「令和の日本型学校教育」の構築を目指して（答申）
2）　Deci, E. L., & Ryan, R. M. (2000). The "what" and "why" of goal pursuits: Human needs and the self-determination of behavior. Psychological Inquiry, 11, 227-268.

3)　藤村宜之（2009）児童期①― 思考の深まり ―、藤村宜之編著、発達心理学 ― 周りの世界と関わりながら人はいかに育つか ―、ミネルヴァ書房、pp.87-107.

4)　J.M. ケラー著、鈴木克明監訳（2010）学習意欲をデザインする ― ARCS モデルによるインストラクショナルデザイン ―、北大路書房、pp.103-139.

5)　文部科学省（2017）学習指導要領解説体育編、東洋館出版、pp.1-35.

6)　文部科学省（2021）令和 3 年度学校保健統計調査、p.4.

7)　無藤隆（1991）発達と学習、無藤隆・藤崎真知代・市川伸一著、教育心理学 ― 発達と学習を援助する ―、有斐閣、pp.1-16.

8)　西政治（2008）日本サッカーにおける育成期一貫指導の重要性と課題 ― 世界に通用する選手育成 ―、京都学園大学経営学部論集 18（1）：173-196.

9)　大家まゆみ（2012）動機づけの発達、上淵寿編著、動機づけ心理学、金子書房、pp.122-127.

10)　SHAPE America（2014）National Standards & Grade-Level Outcomes for K-12 Physical Education. Human Kinetica. pp.3-14.

11)　清水由紀（2009）児童期②― 友人との関わりと社会性の発達 ―、藤村宜之編著、発達心理学 ― 周りの世界と関わりながら人はいかに育つか ―、ミネルヴァ書房、pp.108-117.

第III部

体育の学習指導論

第 **6** 章

体育における教師の役割は？
── 体育の役割を考える ──

1. 体育教師に求められる役割

　体育における教師の役割を考える前に、体育という教科の独自性について考えてみましょう。他の教科とどんな違いがありますか？

【考えてみよう①】
　体育を他の教科と比べてみましょう。体育ならではの独自性や特徴を挙げてみましょう。

　例えば、体育の運動領域には教科書がありません。また、活動場所も校庭や体育館、プールと多岐にわたり、季節や天気に大きく左右される教科といえます。そのため他教科に比べると、教師に委ねられた部分は大きく、授業の中でどのように振る舞うか、という教師の行動や役割がより重要な教科であるといえます。また、体育がうまい先生は、学級経営もうまいとされ、その関係が語られることも少なくありません。例えば、日野ら（2000）は、体育授業評価と学級集団意識との関係を調査し、体育授業の成否が学級集団の人間関係や雰囲気に影響を及ぼすことが明らかにしています。

　では、どのような教師行動が効果的なのでしょうか。澤本（1998）が「授業は生きた人間どうしの相互作用＝インタラクション（interaction）で成立し、同じ授業の再現は困難に近い」と述べるように、授業とは再現性のない一

回性の行為（森、2009）です。これは体育に限ったことではありません。たとえ同じ教材を用いても「まったく同じだという実践が存在しない」のです。そのため、授業者である教師は、刻々と変化する状況の中で役割を体現しながら、一回性の行為に身を置き、学習者の学びを支えているのです。それゆえ、よい授業と称される教師の指導行動は「名人芸」「職人芸」と表現され教師固有の力量として考えられる傾向にありました。

　効果的な教師行動の探求は、このような「名人芸」「職人芸」の体系化・一般化の過程であったといえます。これまで体育科教育の世界でも多くの体育授業を対象にして、よい体育授業を成立させる条件が追究されてきました。とりわけ高橋ら（1991）の研究は、中心的な役割を果たしてきたといえます。

　例えば、高橋らは、米国で開発された授業観察法観察法を修正し、授業中の教師行動を構造的に観察し記述することを試みます。収集された教師行動を分析し、「直接指導」「相互作用」「観察」「マネジメント」の4つに分類しました。これらは教師の四大行動と呼ばれています。教師が学習者に指示する場面は、「直接指導」に分類され、指示は「簡潔に行うこと」「明確に行うこと」「次への見通しを持たせる」ことがよいとされました（鈴木、2013）。また、準備や後片付けは、マネジメント行動に分類され、事前に計画することで無駄な時間を省くことで運動学習に従事する時間を確保し、学習成果の高まりを期待したのです。

　ところで、体育の特性の一つに「身体で試す」あるいは、「身体を動かして学習する」ということがあります。先行研究の結果からも運動学習量を確保することが授業の成否をわける要因となることがわかっています。しかし、単に運動しているだけでは学習とはいえません。松田（2013）は、「活動」が「学習」になるには、「ねらいを持った活動」になることが重要であると述べています。そして、学習者が持つべき「ねらい」は、教師があらかじめ用意したものではなく、学習者の行動を変化させるほどの「意味ある経験」（松田、2013）によって内側から生成されることが望ましいといえます。つまり、教師の役割の一つとして、学習者が自主的・主体的に「ねらい」を生成できるような支援をしていくことが挙げられます。

　具体的な行動として大切とされているのが教師のフィードバック行動です。フィードバック行動は、言語的なものと非言語的なものに大別されます。言語的なフィードバック行動は、「教師の声かけ」などともいわれ、とくに運動学習場面では重要な行動として認知されています。非言語的なフィードバックとは、学習者の行為に対して、うなずいたり拍手を送ったりするなど、言語以外で反応することを指します。どちらのフィードバックにも効果的なものと効果的でないものが存在します。

【考えてみよう②】
　効果的なフィードバックと非効果的なフィードバックの具体例を考えてみましょう。それぞれ、言語的なもの、非言語的なものにわけて考えてみましょう。

　深見（2007）は、学習者にとって効果的なフィードバック行動を表6-1のようにまとめました。

　肯定的なフィードバックとは、学習者の行為に対して肯定的な反応を示すことで、具体的には「○○さん、いいね」や「○○の部分がよくできているね」などと声をかけたり、拍手を送ったりすることです。一方、矯正的なフィードバックとは、「もう少し助走をつけると遠くまで跳べるね」や、「着地のときに膝を柔らかく曲げるように意識するといいよ」など、学習者のパフォーマンスに対して矯正する視点を指摘することです。「もっとうまくなりたい」「あと少しでできそうだ」と考えている学習者にとっては、矯正的な

表6-1　効果的な教師のフィードバック行動

（深見、2007を筆者が修正）

○子どもの自立的な運動学習時間を十分に確保し、その中で積極的に肯定的・矯正的フィードバックを与えること
○表現のしかたを工夫したフィードバックを与えること
○子どもから「役に立った」と受けとめられるフィードバックを与えること
○具体的な課題提示を伴うフィードバックを与えること
○課題解決につながる適切で、意味のあるフィードバックを与えること

フィードバックは学習成果を高めるといわれています（高橋ら、1991；深見、2007）。ここを見極めることも大切な教師の役割だといえます。

　しかし、教師は授業中に声をかけ続ければよいという単純なものではありません。漆崎・鈴木（2012）は、教師が声をかけることで学習者の学びを阻害する場合があることを指摘しています。具体的には、夢中になって運動している学習者に教師が声をかけることで、夢中状態を解いてしまうということです。この指摘は、学習者がどのような状況（情況）にあるのかという内外の情報を見とるような教師の観察行動の重要性を示しています。教師は常に授業の文脈の中に身を置き、即時的な意思決定を繰り返すことが求められているのです。

　学習者を支える具体的な行動は、声をかけるということばかりではありません。例えば、つまずきのある学習者に補助をするということも大切な教師行動になります。とくに器械運動系の授業では、効果を発揮するといわれています。補助を受けることで、自分一人ではわからなかった感覚をつかむことができ、学習者の意欲も向上します。また、清水（2018）は、適切な補助をすることで教師との信頼関係を築くことができ、単にできること以上の効果があると述べています。ただし、誤った補助の仕方で行うと大変危険な場面を誘発します。事前に安全で正しい補助の仕方を知っておくという準備が必要になります。

2.　未来の体育に求められる教師の役割とは

　これからの時代は、予測困難で正解のない時代などといわれ、自ら考え判断していく力が求められているといえます。このような時代の変化に応じて授業も変化するため、おのずと教師に求められる能力も変化していきます。

　阿部（2015）は、このような時代に求められる学習の在り方としてコミュニティの変容を挙げます。例えば、班やグループ（コミュニティ）が、関心や問題、熱意などを共有し、その分野の知識や技能を持続的な相互交流を通じて深めていく人びとの集団（実践コミュニティ）へ変容していくことを学習の成

果と捉えているのです。その際に求められる具体的な教師の役割は多様です。阿部（2015）は「時にはリーダー（先導者）、時にはフォロワー（補佐役）、ファシリテーター（促進者）、コーディネーター（調整役）、プロデューサー（生産者）など、そのコミュニティの変容を支え促すためにどのようなアプローチが必要なのかを考えて、その役割を変えていく必要」があると述べています。

　さらに、梅澤（2020）は、「学級内外に存在する全ての多様性を包摂する互恵性のある学び合い」の重要性を説き、障がいの有無に留まらず、すべての多様性を包括する「共生体育」の創造が必要であると述べています。「共生体育」では、学習者同士の関わりは促進され、多様な学習者へ適合されたルールの創造を基軸とした「私たちみんなのスポーツ」を深く学ぶと考えられます（梅澤、2020）。このような共生体育における教師の役割は「繋ぎ役」としての教師行動と捉えることができます。学習者と同じ目線に立ちながらも少し先をみつつ、他者やモノと繋いでいくことを行うのです。このように教師が状況を判断し役割を臨機応変に変えていく姿は、教師が行為主体性（エージェンシー：agency）を発揮し、学習者を支えている姿といえるでしょう。

3. 授業改善と教師の意思決定

（1）カイゼン　KAIZEN

　体育の授業では準備や後片付けに時間がかかり、運動学習場面の時間を圧縮し、学習効果が低減することがあります。一般企業でこのような無駄な時間を費やすと、生産性は落ち、利益の向上は見込めません。そこで、多くの企業では生産性を高め効率よく仕事を進めていくために見直し活動が行われています。この活動は「カイゼン」とよばれ、広く海外にも普及しているそうです。

　カイゼンの特徴は、作業効率の向上や安全性の確保などに関して、経営陣から指示されるのではなく、現場の作業者が中心となって知恵を出し合い、ボトムアップで問題解決をはかっていく点にあります（若松、2007）。この思考過程は、教師の授業改善に大いに参考になるものと考えます。

（2）　反省的実践家としての教師

　教師がカイゼン活動を行うのは事後とは限りません。実は授業中にも行っているのです。例えば、人に何かを説明をしているときに「あれっ？　なんだか内容が理解されていないな」と感じたことはありませんか。そのようなとき教師は、言葉を易しいものに変えたり、図を書いて説明したり、実演したりしてその場で対応し内容理解の促進を図ります。このときの教師のカイゼン活動を省察（リフレクション：reflection）といいます。

　教師とは複雑に変化する状況の中で省察によって問題を解決していくという専門性を有しているといわれています。この省察という概念は、ショーン（1983）が提唱したものです。例えば、木原（1998）は、「授業中に子どもの表情を読みながら即時的に意思決定を下すことは反省的実践家の代表的な姿である」と述べています。つまり、教師は予測不可能な授業の文脈において、行為の最中にも省察を繰り返し、教師行動を意思決定しているのです。

（3）　授業中の意思決定

　教師が省察をくり返し、適切な意思決定をするためには、どんなことが必要なのでしょうか。その一つに経験が挙げられるでしょう。佐藤（1992）は、熟練教師の特徴として「即興的な思考」や「文脈や状況に応じた思考」を挙げています。しかし、ただ年数を積めばよいというわけではありません。吉崎（1988）は、授業中の意思決定は、何らかの「ズレ」が 起こった場合に起きると述べ、その場で代替案を引き出し対応するという教師の行動を「意思決定モデル」を作成して説明しました。いかにして良質な代替案を蓄積しているかという部分に、省察の積み重ね、つまり教師の経験が効いてくるのです。

　授業中の意思決定は、評価活動にあてはめて考えることができます。鈴木（2015）は、授業中に教師の意思決定に基づいて行われる「問題解決としての評価」が評価の中核であるとし、そこからボトムアップする形で、授業後に行われる観点に基づく「価値判断としての評価」が機能すると述べます。そして、それらを PDCA（Plan-Do-Check-Action）サイクル（図6-1）で示しています。この図は、教師が行う事前事後の省察（カイゼン活動）を端的に示し

ているといえるでしょう。

しかし、授業前に立てた計画（Plan）通りに進まずに、即時的な変更を求められることも授業ではよくあることです。その場の状況に応じた即時的な意思決定のサイクルを示したものに近年ビジネスの現場でなどでも注目されている OODA（ウーダ）ループがあります（図6-2）。

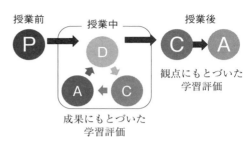

図6-1 2つの PDCA サイクル
（鈴木、2015）

授業では学習者や場などを観察する（Observe）ことから始まります。その後、状況（情況）判断（Orient）し、教師がとるべき方針を意思決定（Decide）し、教師行動（Act）に移るのです。先ほどの、鈴木（2015）が示した授業中のPDCAサイクルは、このOODAループに近いといえそうです。

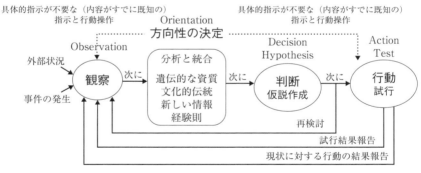

図6-2 OODA ループの完成型
（夕撃旅団、2018）

4. 学び手としての教師をめざして

　本章では、体育授業を円滑に進行し、学習成果を高めるために必要とされてきた教師の行動や役割を紹介してきました。しかし、すべての学習者に有効な手立てや同じ成果が期待できる方法などは存在しません。授業が単元の何時間目なのか、または、学習者の学習状況、天気や環境などによって、よい授業の具体像が変わってくることがあります。そこで、教師は複雑に変化する環境や学習者の状況（情況）を適切に見とり、次の行動を意思決定することができる力が必要になります。

　このような力のことをアイズナーは「児童個々人が、文脈によって多様な特質を有することを教師が自覚化し、芸術鑑賞やワインの味利きのように児童の経験の質を認識し、多様な質の差異を識別できる技巧」である「鑑識眼（educational connoisseurship）」として示しました（勝見、2011）。この鑑識眼を発揮するには、教師も学習者として学びの文脈に入り込む必要があります。そのように考えると教師の重要な役割の一つに「教師も学習者であること」が挙げられるように思います。そして、教師も学び手の一人として、自ら変わろうとする力が求められているのではないでしょうか。

【考えるタネ】
　今から約45年前に高田典衛（1976）はよい授業の四原則を提案しました。
○動く楽しさ：自ら体を動かそうとして運動を続け一定量の運動量に達したときの爽快感
○集う楽しさ：子どもが仲間と親しく付き合い、生きる喜びを感じ取る楽しさ
○解かる楽しさ：子どもが学習を通して体育に関する何か新しい知識を発見したときの喜びや、体育の見方考え方に新たな方向を見いだしたときの驚き
○伸びる楽しさ：自分が進歩しつつあり、授業ごとに新しい自分、違った自分が出現する楽しさ
　この条件はのちに「高田四原則」と呼ばれ多くの教師に影響を与えます。
　さて、この「高田四原則」は現代にも通じる内容でしょうか。あなたが考

える「現代版よい体育授業の原則」をつくってみましょう。さらに「教師
の役割○カ条」と題して、今後求められる教師の役割を簡潔にまとめてみま
しょう。

《栄養となる書籍》
○Schön, D. 著・柳沢昌一・三輪健二 監訳（2007）省察的実践家とは何か
　プロフェッショナルの行為と思考、鳳書房
○川島裕子 編著（2017）〈教師〉になる劇場、フィルムアート社

参考文献
1)　阿部隆行（2015）学習コミュニティにおける学習評価と教師の支援について、鈴木直樹・
　　成家篤史・石塚諭・阿部隆行編著、子どもの未来を創造する体育の「主体的・対話的で深い
　　学び」、創文企画、pp.131-136.
2)　深見英一郎（2007）体育授業における教師の効果的なフィードバック行動に関する検討、
　　筑波大学大学院、博士論文。
3)　日野克彦ら（2000）小学校における子どもの体育授業評価と学級集団意識との関係、体育
　　学研究 45（5）：599-610.
4)　勝見健史（2011）小学校教師の「鑑識眼」に関する一考察、学校教育研究 26：60-73.
5)　清水由（2018）効果的な「補助」で「かかわり」ながらできるようになる運動教材」、体
　　育・保健体育ジャーナル 2 号、学研教育みらい、pp.5-8.
6)　鈴木聡（2013）教師の役割（体育教師の指導論）、鈴木直樹ら編著、学び手の視点から創
　　る小学校の体育授業、大学教育出版、pp.101-102.
7)　鈴木直樹（2015）学習評価の 3 つの次元、体育科教育 63（10）、pp.74-77.
8)　高田典衛（1976）体育授業入門、大修館書店。
9)　高橋健夫・岡沢祥訓・中井隆司・芳本真（1991）体育授業における教師行動に関する研究
　　― 教師行動の構造と児童の授業評価との関係 ―、体育学研究 36：193-208.
10)　澤本和子（1998）授業リフレクション研究のすすめ、浅田匡・生田孝至・藤岡完治編著、
　　成長する教師、金子書房、pp.212-226.
11)　松田恵示（2013）「遊び」から考える体育の学習指導、創文企画。
12)　森勇示（2009）体育授業における教師の実践的知識の形式過程 ― 教師との対話事例を手
　　がかりに ―、愛知教育大学教育実践総合センター紀要 12：207-212.
13)　梅澤秋久・苫野一徳（2020）真正の「共生体育」をつくる、大修館書店。
14)　漆崎英二・鈴木直樹（2012）「一人学び」という視点から発問のタイミングを考える、体

育科教育 60（12）、pp.18-22.

15）　若松義人（2007）トヨタ式「改善」の進め方、PHP ビジネス新書。

16）　夕撃旅団（2018）OODA ループ「超」入門、パンダ・パブリッシング。

17）　吉崎静夫（1988）授業における教師の意思決定モデルの開発、日本教育工学雑誌、12（2）：51-59.

第 **7** 章

体育ってどうやって指導するの？
― 学習指導方略を考える ―

1. 見方・考え方を働かせた学習過程

　小学校や中学校には年間指導計画があり、各学年で展開する領域や単元名、実施期間などがあらかじめ計画されています。このように、大きな枠組みは決まっているものの、具体的にどのような方法で授業を進めるかという授業の展開については、授業者である教師に委ねられています。とくに体育の運動領域には教科書がありませんので、どのような方法を用いて授業を展開していくかは教師の創意工夫に頼るところが大きいといえます。

　ところで、学習指導要領（文部科学省、2017）では、各教科等を学ぶ本質的な意義の中核となる教科の「見方・考え方」が示されました。小学校の体育、および、中学校の保健体育では表7-1のように示されています。

　この見方・考え方を読み解くと、教師が運動やスポーツの価値や特性をどのように捉えているか、ということが大変重要なことがわかります。また、学習者である子どもに対して、「する」を中心に、運動に対する多様な関わりを保障していることがわかります。さらに、小学校学習指導要領解説体育編

表 7-1　体育の見方・考え方

（文部科学省、2017）

運動やスポーツを、その価値や特性に着目して、楽しさや喜びとともに体力の向上に果たす役割の視点から捉え、自己の適性等に応じた『する・みる・支える・知る』の多様な関わり方と関連付けること

表7-2　見方・考え方を働かせた学習過程

（文部科学省、2017、p19）

> 運動や健康についての興味や関心を高め、運動や健康等に関する課題を見付け、粘り強く意欲的に課題の解決に取り組むとともに、自らの学習活動を振り返りつつ、課題を修正したり、新たに設定したりして、仲間と共に思考を深め、よりよく課題を解決し、次の学びにつなげることができるようにすることを示している。課題を見付け、その解決に向けて取り組む学習過程においては、自分や仲間が直面する課題を比較、分類、整理することや、複数の解決方法を試し、その妥当性を評価し、他者との対話を通して、よりよい解決策を見いだしていく主体的・対話的で深い学びの実現に向けた授業改善の推進が期待される。

（2017）には、体育における「見方・考え方」を働かせる学習過程として、表7-2のような内容が示されています（太字、下線は筆者による）。

　体育授業における学習過程は、課題解決を基軸として構成され、多様な方法、考え方を用いながら試行錯誤する展開が求められているといえるでしょう。少なくとも、体育で行われる活動は、単なる動きづくりで留まってはいけないことが読み取れると思います。

【考えてみよう①】
　小学校学習指導要領の各教科の解説には、その教科特有の「見方・考え方」が提示されています。いくつかの教科を選んで「見方」・考え方」を調べてみましょう。また、「体育の見方・考え方」と比べてみましょう。

---

2. 学習指導方略を（design）するとは？

　第2章の「体育の変遷」でも述べてきましたが、体育は学習指導要領の変遷に応じてその理念も変化してきました。その変化に合わせて学習指導方略も多様な方法が登場します。成家・鈴木（2017）は、戦後のわが国における学習指導方略をレビューし、これまでに提案されてきた学習指導方略を5つに分類しました（表7-3）。さらに「1948年以降、ほぼ一貫して学習者中心の立場をとり続けてきた日本の体育の学習指導論は、学習指導要領が改訂され続けてい

表 7-3　指導方略の分類

（成家・鈴木、2017）

名称	目標	内容	方法	分類された指導方略
社会性重視群	社会性や計画・運営能力を培う	活動の計画・運営や責任に関する行動	話し合いや協働して活動する	生活体育、グループ学習（第一期・B 型学習）、スポーツ教育モデル、チャレンジ運動、責任学習
系統的技能指導群	動きを向上させる	動きの基礎基本や新たな動きの習得	段階的指導に基づいて学習する	班別学習、リード・アップ・ゲームス、新しい系統学習、プログラム学習、体育学習のシステム化、法則化運動、バルシューレ
課題解決型技能指導群	動きを向上させる	課題解決を基にした動きの習得	動きの課題を話し合い、課題解決を行う	発見的学習、主体的学習、戦術学習、めあて学習を超えた新たな指導法、菊池体育サークル、運動の楽しさと基礎・基本を学び合う体育学習、グループ学習（第二期）、心と体の体育、課題解決学習、課題学習
課題解決型意味生成群	意味生成を促す	動きに関する課題解決と楽しみ方を学ぶ	既有の技能で楽しみ、技能の発展とともに課題を発展させる	「楽しい体育」・めあて学習、グループ学習（第三期）
主題探求型意味生成群	（多様）	動きや運動に関する課題解決と新たな気づき	主題や発問を基に他者と協働して課題解決をする	フィットネス教育、からだ気づき、局面学習、「感覚的アプローチ」による体育学習、関係論的アプローチによる体育学習、「挑戦課題」に向かって試行錯誤し続ける体育学習、やってみる・ひろげる・ふかめる、ゲーム構造論に基づく指

ても実践レベルでは授業づくりの方向性を変えなかった」ことを明らかにしています。つまり、学習者の立場から運動を捉え、授業を考えていくということが、学習指導の基本的な考え方となっているのです。

　学習指導方略は教材や目標に依存しますので、その都度オプションとして採用することになります。多くの学習指導方略を知っていることも教師としては大切なことですが、それ以上にどのように適用するかが大切になってくるといえます。

【考えてみよう②】
　みなさんが受けてきた体育はどんな指導方略がとられていたのでしょうか。表 7-3 を参考にして印象に残っている授業や単元などを思い出してみましょう。あてはまるものはありますか？

3.　学習指導モデルと学習形態

　体育の理念が「運動の教育」へと移り変わり、体育の目標は、生涯スポーツの必要性を背景とした、豊かなスポーツライフの形成として示されています。授業では、運動への愛好的な態度を育成するために、運動の機能的特性（楽しさ）に触れさせることに重点がおかれ、これを推進するために2つの学習指導モデルが示されてきました（鈴木、2010、p61）。

　1つ目は、「スパイラル型」と呼ばれる学習指導モデルです。スパイラル型は「毎時間の学習過程を、『今もっている力』でできる共通の学習内容から『工夫した力』による挑戦的な学習内容へと螺旋的・発展的に進めていくモデル」（鈴木、2010）です（図7-1）。

　2つ目は、「ステージ型」と呼ばれる学習指導モデルです。ステージ型は、「子どもの学習活動における1）受け入れ・反応段階、2）発展段階、3）飽和段階という学習のサイクルをひとまとまりのステージと捉えて、各ステージを『ねらい1』『ねらい2』『ねらい3』…と段階的・発展的に進めていくモデル」（鈴木、2010）です（図7-2）。

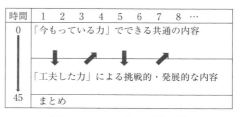

図7-1　スパイラル型の例

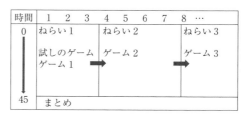

図7-2　ステージ型の例

　スパイラル型は陸上や器械運動などの個人的スポーツに適応されることが多く、ステージ型はボール運動など集団的スポーツに適応されることが多いとされています。

　現在、書籍やWEB上を通じて閲覧できる学習指導案が数多くありますが、この2つの学習モデルを基盤にしたものや影響を受けたものが数多く見受けら

れます。授業内容を考える際には、学習者の実態や学習経験、準備状況に応じて適切な計画を立案していきます。既存の学習モデルをそのまま運用するのではなく、そのモデルの意図や理念を理解したうえで、学習者の実態に応じてアレンジしていくことが求められているといえるでしょう。

また、授業を計画する際に重要となる事柄として学習形態があります。目的や内容によって学習形態を適切に運用することで期待する学習成果が得られるものと考えます。代表的な学習形態を表に示しました（表7-4）。それぞれの長所を確認し、具体的な授業をイメージしてみてください。ただし、学習指導モデルや学習形態に万能なものはありません。必ず長所と短所を併せ持っていますので、運用する教師は良い面にだけ目を向けていてはいけないのです。

表7-4　学習形態の長所

（友添、2010 をもとに筆者が作成）

学習形態	長　所
一斉指導	・学習者がほぼ等質の場合、教師の計画に従って能率的に指導できる ・技能低位児のスクリーニング機能がある
班別学習	・等質に班が編成させる場合、学習者個人の技能に応じた学習課題や目標を設定しやすい
グループ学習	・学習者相互の教え合いや相互援助が容易で、自主的・主体的学習に取り組ませることができる。 ・個人の学習課題やグループの目標が設定しやすい。
個別学習	・学習者の個人際に対応した丁寧な指導が可能になる。 ・学習者の学習スペースが保障される。

【考えてみよう③】
　表7-4 に示した学習形態には、それぞれどんな短所があるでしょうか。学習者には必ず個人差があります。さまざまな学習場面を想定しながら各学習形態の短所を考えてみましょう。

　一斉指導の短所は、学習者の個人差に対応しにくいことや学習者に主体性をもたせることが難しいことが挙げられます。また、班別学習の場合は、特に

等質に班編成がされる場合、優越感や劣等感を招きやすく、排他的な人間関係が生じることもあることが指摘されています（大友、2010）。さらに個別学習の場合は、学習者にかかわりが生まれにくく、協働的に課題を解決する機会に乏しい学習形態といえます。授業者として運用する場合は、これらの短所も十分に理解しておく必要があるでしょう。

4．ゲーム中心の指導

　ここでは具体的な指導方略の例を取り上げて考えてみましょう。バスケットボールを構造的に捉え、一つひとつの要素を順番に練習し最後にゲームを行うという単元構成を見かけることがあります。端的に示せば「ドリブル＋パス＋シュート＋リバウンド＝ゲーム」という発想の学習過程で、筆者は組み立て式授業と呼んでいます。このような授業展開では、先述した体育の「見方・考え方を働かせる学習過程」とはまったく異なるものになってしまいます。それどころか、ゲームで生かすことができるかどうかわからないような動きづくりに終始する授業になってしまいます。バレーボールでも、たくさんのパーツを練習してきたのに、いざゲームになるとサーブの応酬で終わってしまった、という例はよく聞く話です。部活動のように長期間バスケットボールに取り組むことができるのであればこのような方法も有効でしょう。しかし、小中学校の体育では10回程度の授業回数でバスケットボールに取り組みます。授業内で個々の技術の向上を図るには限界があるのです。

　このようなボール運動・球技系の問題に対して、Bunker と Thope（1982）はゲームを中心に指導を展開しようという考え GBA（game based approach）を提案します。具体的には、授業で取り上げるゲームは、学習者の技能レベルに合わせてボール操作の方法やルール修正が図られます。その後、ゲームから課題を抽出し、課題解決のための練習が用意され、解決できたかどうかは、再びゲームの中で試されます。このような学習指導方略の代表的なものに、TGfU（teaching games for understanding）があり、それは、図7-3のようなサイクルで学習が進んでいきます。

ゲームを把握することから始めるので、どのようなことが課題になるのか、どのような解決方法が考えられるのか、ということを含めた戦術的な気づきを中心に授業を展開していくことになります。技能的な課題についても自分たちのゲームに必要な内容になるので、意欲的に取り組むことができるものと考えられます。

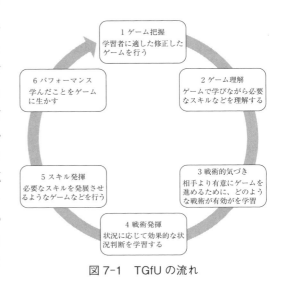

図7-1　TGfU の流れ

5. 共生体育を目指した指導

　小学校学習指導要領解説体育編には、指導計画の作成と内容の取扱いの改善の中で「障害の有無を超えたスポーツの楽しみ方の指導の充実として，合理的な配慮に基づき障害の有無にかかわらずスポーツをともに楽しむ工夫をする経験は，スポーツを通した共生社会の実現につながる学習機会である」と述べられています。同様に、中学校では、「体力や技能の程度及び性別の違い等にかかわらず，仲間とともに学ぶ体験は、生涯にわたる豊かなスポーツライフの実現に向けた重要な学習の機会であることから、原則として男女共習で学習を行うことが求められる」と示されています。

　このように、豊かなスポーツライフの実現を目指す体育・保健体育では、性別や障がいを含めた差異のあるメンバーによる異質協働の学びを実現していくことが求められているのです。これらは共生体育（第6章参照）という理念で捉えられ、「多様な他者同士が互恵的に学び合う体育」（梅澤、2016）が目指されているのです。このように考えると、自分と異なる技能、考え、興味を

もった他者の存在は、歓迎すべき存在であることに気がつくでしょう。

　例えば、体育において性別によって学ぶ内容が異なるという教育課程上の問題は、1989（平成元）年の学習指導要領で解消されています。そのため、男女共習とは学習形態の問題になります。例えば、教師が技能の習得を第一に考え、できることのみを追い求めるような授業を展開する際に、学習形態を男女別習から共習に変えても、「できる子が我慢する」「できない子が遠慮する」という共生体育からは、およそかけ離れた姿を助長するだけです。つまり、教師が共生体育の理念を理解し、学習観の転換を図ることが第一に求められることだといえます。

　また、具体的な配慮として小学校学習指導要領解説体育編には「特に、運動を苦手と感じている児童や、運動に意欲的でない児童への指導については、個に応じた指導の工夫を図るとともに、障害のある児童などへの指導の際には、当該児童への個に応じた指導はもとより、周りの児童への指導として、様々な特性を尊重することができるよう留意する」ということが示されています。つまり、教師の学習観が転換するだけでは不十分なのです。この転換に、学習者である子どもや保護者、地域の人など、ステイクホルダー全体の理解が必要になってくるのです。

【考えるタネ】
　本文で取り上げた TGfU は、ボール運動・球技の学習指導方略です。ゲームの中から課題を抽出し、ゲームの中で解決するというコンセプトは他の領域にも生かせないでしょうか。もしこの指導理念を生かすことができるとすれば、どのような領域や単元が考えられるでしょうか。具体例を出しながら考えてみましょう。

《栄養となる書籍》
○鈴木直樹・中村なおみ・大熊誠二 編（2019）体育授業「導入 10 分」の活動アイデア、明治図書
○鈴木直樹・濱田敦志 編（2020）体育で実現する“ホンモノ”の「ゲーム中心の指導アプローチ」、創文企画

参考文献

1)　Bunker, D., & Thorpe, R.（1982）「A model for the teaching of games in the secondary school」, Bulletin of Physical Education, 10, : 9-16.

2)　成家篤史・鈴木直樹（2017）日本の体育における学習指導論の変遷に関する研究 — 1948年以降の指導方略に着目して — 、帝京大学教育学部紀要 5：47-057.

3)　文部科学省（2018）小学校学習指導要領解説体育編、東洋館出版、pp.18-19.

4)　大友智（2010）体育の学習形態論、髙橋健夫ほか編：新版体育科教育学入門、大修館書店、pp.66-74.

5)　鈴木理（2010）体育の学習指導論、髙橋健夫ほか編：新版体育科教育学入門、大修館書店、p61.

6)　梅澤秋久（2016）体育における「学び合い」の理論と実践、大修館書店。

第 **8** 章

評価をどうやって生かすの？
― 学習評価を考える ―

1. モノサシをもつということ…

　読者の皆さんは、2015 年に放送された「学校のカイダン」というドラマをご存知でしょうか？ このドラマは、生徒会長となった女子高生が天才的スピーチライターの支援を受けながら、言葉の力によって学校改革をしていく学園ドラマでした。この第 6 話、主人公たちが自分たちを退学させようとしている保護者たちを前に演説をしている内容には、とても考えさせられました。

　その演説とは、保護者に対して、子どもたちに保護者が与えているものは、「モノサシ」だけだと批判するもので、子どもたちは大人から与えられたおかしな「モノサシ」で勝手に背比べを始めている現状を具体的に示し、「モノサシ」を捨てて一緒に考え、学び合っていくことを他の生徒たちに呼びかけるようなものでした。このスピーチを聞いて、子どもたちの行動が、大人の接し方によって与えられた価値観によって決定されていくことを強く感じました。それだけ、責任が大きいことを改めて感じさせられました。

【考えてみよう①】
　読者の皆さんは、自分の小学校時代の体育授業を通して、自分がどのような「モノサシ」をもつようになっていったでしょうか？ そして、そのような「モノサシ」をもっていった理由について考えてみましょう。

　Hay（2013）は、学習評価はメッセージシステムであると述べます。すなわち、授業における学習評価が、メッセージとなり、共有され、「モノサシ」を作っていくのだと考えられます。そして、その「モノサシ」に従って自らの学びを評価し、それを方向づけていくことになります。このように学習評価することはとても重要な行為といえます。

　子どもたちが「モノサシ」をもっていくプロセスには、教師や保護者の学習評価ということが不可欠であると思います。子どもは、何が価値あることかということや、行動の規準を教師や保護者とのかかわりから持つようになっていきます。したがって、学習評価は大変重要であるといえます。

　2.　学習評価について考える

　学習評価とは、「学習によって生じた変化を目標にそって判定し、どのように学習と指導を進めたらよいかを考える一連の過程」（宇土、1981）と定義されています。学習評価とは「学習者の能力や行動の現状や変化などの教育事象をとらえ、その学習者に対して何らかの目標（教育目標、指導目標、学習目標など）を基準に価値判断をすることによって有効な示唆を与えるための情報を得るもの」（高田、2002、p.119）と考えられています。このような学習評価が持つ意義について宇土（1981、pp.9-14）は次の3点をあげています。

　①　児童生徒の、学習者としての自己理解・自己評価を助けること。
　②　教師自身の指導の成否を確認し、いっそう合理的効果的にする。
　③　指導要録の記載その他の必要を満たす上で活用する。

　皆さんが、思い浮かべた評価場面には、通知表のことや、学習カード、テストなど、方法に関することや、教師が子どもを評価したり、子ども同士で評価し合ったり、子ども自身で評価したりするような評価主体の問題、授業の終わりに毎時間評価したとか、単元の終わりに評価の時間があったなど、評価の形態の問題などがあったと思います。これらを適切に行うことで、よりよい「モノサシ」を子どもたちがもっていくことができるのだと思います。本章では、適切な学習評価を、「真正の学習評価」と呼び、授業実践で、それを活用

【考えてみよう②】
　読者の皆さんは、具体的に評価といってどのような場面を思い浮かべるでしょうか？　その場面の特徴を話し合ってみましょう。

各教科の学習のようす		学習状況
国語	国語への関心・意欲・態度	A
	話す・聞く能力	A
	書く能力	B
	読む能力	B
	言語についての知識・理解・技能	B
算数	算数への関心・意欲・態度	B
	数学的な考え方	B
	数量や図形についての技能	B
	数量や図形についての知識・理解	B
生活	生活への関心・意欲・態度	B
	活動や体験についての思考・表現	A
	身近な環境や自分についての気付き	B
音楽	音楽への関心・意欲・態度	B
	音楽表現の創意工夫	B
	音楽表現の技能	B
	鑑賞の能力	B
図画工作	造形への関心・意欲・態度	B
	発想や構想の能力	B
	創造的な技能	B
	鑑賞の能力	B
体育	運動や健康・安全への関心・意欲・態度	B
	運動や健康・安全についての思考・判●	B
	運動の技能	B

外国語活動のようす

"How are you?" のフレーズを使って、友達の今の気持ちをたずねてまわり、積極的に英語で友達と関わろうとしました。

特別活動のようす	状況
学級活動	○
児童会活動	
学校行事	○

特別活動のようす	状況
基本的な生活習慣	
健康・体力の向上	
自主・自律	
責任感	○
創意工夫	
思いやり・協力	
生命尊重・自然愛護	
勤労・奉仕	○
公正・公平	
公共心・公徳心	

所見
学習に対する理解が早く、わかったこと、考えたことを言葉によってクラスのみんなと分かち合っています。学習だけでなく生活を共にする中で互いに成長しようとする姿に感心します。

通知表

浮く・泳ぐ運動カード (1) 呼吸が上手になろう！

学習カード

スキルテスト

振り返り

することができるようになることを目指していきたいと思います。

3. 何を評価するのか？

5年位前のことになりますが、小学校5年生を担任する先生から以下のような質問を頂いたことがあります。

【考えてみよう③】
　読者の皆様ならば、この先生の質問にどのように回答されますか？　考えてみましょう。

　10月から11月にかけて「体つくり運動」の「持続する動きを高める運動」を内容として、「自分のペースで長く走り続けること」をねらいにした「ジョギング」の単元を実施しました。児童は自分たちで走るコースを決めて、1人で、あるいは仲間と一緒に心地よく走り続けながら、持続する力が高まっていくように工夫した授業実践でした。これは、順位を競い合ったり、記録の達成を目指したりというものではなく、普段は長い距離を走ることを嫌がる児童も笑顔で走っていました。この単元にクラスのA君という児童が一度も活動することなく、単元を通して見学をしていました。
　ところが、この単元が終了後、私の学校では「マラソン大会」というものがあり、1500mを走って順位を競い合いました。A君は、授業では一度も走らなかったのですが、この大会には参加をし、なんと優勝をしてしまっ

たのです。私の学校では、通知表で、単元ごとの評価を出すのですが、そこには「自分のペースで長い距離を走り続けることができた」という項目があり、この評価として（A）よくできた、（B）できた、（C）もう少し、のいずれかをつけることになければなりません。「マラソン大会」で優勝したA君は周囲からも「すごい」と一目おかれており、応援に来ていた保護者も大喜びでした。私はこのA君の評価をどのようにつければよいか、とても悩んでいます。

　この質問には、先生方の典型的な学習評価に対する誤解が表れているように思います。以下、そのことについて説明をしながら、この質問に対する回答を考えていきたいと思います。

（1）技能（運動）に偏った評価になっている

　体育の学習内容は、「知識及び技能」「思考力、判断力、表現力等」「学びに向かう力、人間性等」の3点から整理されています。この3つは、どこかに重きが置かれているというわけではなく、密接に関連し合い、等しく価値をもつものといえます。しかし、この先生が悩んでいるように、運動技能のパフォーマンス発揮にウエートを重くおいて評価していることが多いように思います。1位になったとか、記録がよかったということが学習の成果とは限りません。この先生が実施した単元で、子どもたちは、どのような「思考力、判断力、表現力等」を見せ、どのように「学びに向かう力、人間性等」を発揮したのでしょうか？　この先生の質問からも見いだされるように、教師のこういった意識が、子どもには、「技能や運動の結果を重視する」というメッセージとなって送られ、それが「モノサシ」を作っていくようにも思います。

（2）真正に学習の成果を評価していない

　「マラソン大会」は体育の授業と密接な関連をもたせて計画されているとはいえ、特別活動の体育的行事に位置づいています。したがって、A君は、体育の時間において「マラソン大会」を行って、1位になるという結果を残したわけではありません。また、学習評価の対象は、「学習によって生じた変化」

です。A君は、体育の授業である「ジョギング」の単元で一度も活動をしていません。したがって、運動の学習をしたわけではないので、A君の学習成果の変化をみとることは不可能といえます。

　なぜなら、評価する対象が存在しないからです。さらに、「マラソン大会」とは、ここでは1500mという距離を決めて順位を競い合う長距離走としての活動であるといえます。小学校では、発達段階を踏まえ、「体つくり運動」の中に、無理のないペースでの長い距離を走る運動の内容がありますが、競争や達成を目的とした全力で走る長距離走は学習内容としては含めず、それは中学校以降の内容としています。

　すなわち、「マラソン大会」で発揮されているパフォーマンスは、小学校の体育で扱う長い距離を走る運動とは異なる内容であるといえます。したがって、「マラソン大会」で発揮している力と「ジョギング」で発揮している力は、異なる内容であるといえ、「マラソン大会」の成果で体育を評価することはできません。

（3）　保護者の評価とのズレ

　昨年、学校公開日に体育の授業を参観する機会がありました。多くの保護者や地域の方々が学校を訪れていました。筆者が小学校4年生ネット型ゲームの授業を参観した時のことでした。授業者は子どもがゲームの中でニーズを見いだし、チームのメンバーと協力してゲームへの参加の仕方を考えていくことを大切にしていました。そのため、授業では積極的に発問をして子どもに思考を促し、指示はできるだけしないように指導していました。子どもが困っている場面があっても自力で解決していくことができるように、手がかりになる情報を提示するに留め、子どもが相互でかかわり合いながら、問題解決していくように働きかけていました。

　しかし、そのような状況をみていた保護者はいてもたってもいられなくなり、話し合いに参加するようになっていきます。しまいには、作戦板を使いながら、ゲームの中でのフォーメーションや戦術など、プレーの仕方を指示していきます。外側からみていると、いつのまにか保護者がコーチのようになり、

保護者同士が子どもを使って競い合っているようにさえ見えました。保護者は
ゲームが始まってからも、大きな声をあげて子どもを応援し、子どもにコート
の外から指示を入れていきます。いつのまにか、子ども以上に、大人がゲーム
の勝敗で一喜一憂していました。

　このように保護者と教師が学習成果として捉えていることには大きな
ギャップがあることも少なくないといってもよいでしょう。とくに、体育の学
習は、教科書もなく、その学習成果はノートに記録されるわけでもないので、
「何を学習しているのか」がわかりにくいともいえます。このような体育では、
保護者と「学習とは何か」を共有することが難しく、保護者に対する説明責任
が、結果によってなされているともいえます。したがって、保護者からのク
レームを気にして、評価に躊躇してしまうこともあるのだと思います。

4.　学習評価のいま ─ むかし

　このような状況の中で、「真正の評価」を実現すべく、取り組みが展開され
てきています。その中で、特徴的な3つの実践を紹介します。

　1つ目に、授業のまとめの場面で見られる「学習カードの記入」が挙げられ
ます。この学習カードには、毎時間の成果（記録、出来栄えや感想）が学習記
録として残されています。このような学習カードの工夫は教材研究の中の大き
な一部分を占めるようになってきました。これは学習の過程を評価しようとす
る試みの表れともいえるでしょう。

　2つ目に、声かけとしての評価の工夫です。小学校で授業を参観した後に、
子どもに「先生に授業中にどのような評価をされたか」を聞いてみました。す
ると、褒められたり、アドバイスされたりしたという「声がけ」に関するもの
が数多く回答されました。高橋ら（1986）によれば、否定的な声がけよりも、
肯定的で具体的な声がけは学習成果を高めることを明らかにされています。そ
こで、いいところを見つけて「ほめる」という評価が積極的に行われるように
なってきたと思います。これは、子どもに正のフィードバックを与え、学習を
支援しようとする試みの表れともいえるでしょう。

表 8-1　学習評価の変化

過　去		現　在
結果主義	評価はいつ行う？	過程主義
学習外で評価	評価は<u>どこ</u>で行う？	学習内で評価
成績のため	評価は何のために行う？	学習や指導のため

　3つ目に、授業における中心的な活動の中で評価することです。学習と評価場面を別々に設定するようなテストは、以前に比べ格段に減ってきたように思います。それよりは、ボール運動であれば普段のゲームの観察、器械運動やダンスであれば日常的に行われる練習や発表会、陸上であれば記録の変化など、学びの主活動の中で評価を行うようになってきたと感じます。表 8-1 に評価の過去と現在を比較してみました。

　このような現代の評価の考え方をよく表す言葉に、「指導と評価の一体化」が挙げられます。「学習（指導）したことを評価対象とすること」「指導して評価したことを次の指導に生かすこと」という意味で、現代の学習評価は成績のためだけでなく、学習成果を向上させるためのプロセスの中にツールとして位置づいてきているのです。

　その結果、以前は「Plan-Do-See プロセス」と言われていたものが、「Plan-Do-Check-Action サイクル」と言われ、評価を指導に生かすことが強調されるようになりました。そして、先生方もこのことを強く意識し、子どもに対する評価を授業改善に生かすようになってきました。

5.　学習評価の未来

　学習評価は、「学習した結果の値踏み」から「学習する過程の支援」の手段として位置づいてきました。そこで、このような方向性を大切にしつつ、評価が抱えている課題を浮き彫りにする中で、学習評価の未来像に迫っていきたいと思います。

　まず第1に、構成主義や状況主義に代表されるような社会文化的な学習観、

すなわち定着の論理ではなく、生成の論理にもとづく学びの考え方の中で、学習評価のメッセージシステム（Hay&Penny, 2014）としての機能に注目が集まっています。このような中で、鈴木（2003）は、これを「学習評価としてのコミュニケーション」と述べ、それが授業システムのエネルギーになっていることを明らかにしています。Lund & Tannehill（2015）は、Standards Based PE という、評価規準を手掛かりにした体育の授業づくりの考え方も示しています。このように、学習活動ではなく、学習評価に注目をし、学習や指導を考えていく体育授業の構想が期待されています。

　次に、体育の学びの成果の記録についてです。体育の学びは、「活動していること」そのものに見いだすことができます。それを学習の履歴として残すために、従来は記録や感想を記述し蓄積していくことで、その中から学びを見いだすことが多かったと言えるでしょう。これが結果主義を助長していたように思います。

　しかし近年では、ICT 機器の進歩により、動画での学びの記録も容易になってきました。学んでいる姿を文字や記号に変換して記録するのではなく、動画情報として記録し、評価データとして蓄積していくことが試みられています。すなわち、教師の評価データの収集方法に注目が集まっています。

　最後に、学校での学びが家庭での学びにつながることが大切です。そのためには、学校と家庭が連携することで、子どもの成長を学校でも家庭でも支えていく必要があります。そこでは、親をはじめとしたステークホルダーの評価行為への参加が大切です。

　以上のように未来の学習評価は、①評価を中心にした授業づくり、②評価情報を動画で収集する、③学校と家庭が協働した学習評価がキーワードになってくるでしょう。このような評価では、学習者と共に、教師や親も育つ場になっているといえ、コミュニティそのものの成長が期待できます。

　学習を学校というコミュニティに留まらず、地域にまで拡げ、地域コミュニティで学び、育てるというメディエーションを学習評価が担っていくといえます。子どもと教師の意思決定の土台となるものを明確にし、評価を手掛かりにしながら、学習という行為と指導という行為を創発してこようというところ

に未来の評価があるように思います。

【考えるタネ】

　指導と評価が一体となっている具体的な事例を思い浮かべ、教師の役割を明確にしながら、その場面を記述してみましょう。

《栄養となる書籍》

○鈴木直樹・成家篤史・石塚諭・大熊誠二（2013）新しい「体つくり運動」の学習評価の実践 ― 小・中学校の学びの架け橋となる学習評価を目指して、創文企画

○鈴木直樹（2008）体育の学びを豊かにする"新しい学習評価"の考え方 ― 学習評価としてのコミュニケーション、大学教育出版

○スー・F. ヤング、ロバート・J. ウィルソン、Sue Fostaty Young, Robert J. Wilson（翻訳：土持ゲーリー法一、小野恵子）（2013）「主体的学び」につなげる評価と学習方法 ― カナダで実践される ICE モデル、東信堂

参考文献

1) Hay, P., & Penny, D., (2014) Assessment in Physical Education: A Sociocultural Perspective. Routledge.

2) Hopple, C. (2005) Elementary physical education teaching & assessment: a practical guide, Human Kinetics.

3) 菊地孝太郎＆鈴木直樹（2014）高校期の体育評定と大学生のスポーツ行動継続性との関係、体育科教育学研究、第 30 巻第 2 号、pp.51-60.

4) Lund, J. & Tannehill, D., (2015) Standards-Based Physical Education Curriculum Development, third, Jones & Bartlett Learning.

5) Pangrazi (2012) Dynamic Physical Education for Elementary School Children（17th Edition）. Benjamin Cummings.

6) 鈴木直樹（2003）体育授業における学習評価としてのコミュニケーション、体育科教育学研究、第 19 巻第 2 号、pp.1-12.

7) 高橋健夫・岡澤祥訓ほか（1986）教師の相互作用行動が児童の学習行動及び授業成果に及ぼす影響について、体育学研究第 34 巻第 3 号、pp.191-200.

第 9 章

校庭や体育館にタブレットを持っていくの？
― ICT の利活用を考える ―

1. 体育の授業に、タブレットは不必要？

　タブレットが不必要かどうかを検討する前に、まずは改めて体育科の目標を明確にしておきましょう（文部科学省、2017）。

> 　体育や保健の見方・考え方を働かせ、課題を見付け、その解決に向けた学習過程を通して、心と体を一体として捉え、生涯にわたって心身の健康を保持増進し豊かなスポーツライフを実現する。

　そして、この目標を達成するために、3つの資質能力の育成を目指して日々の授業が展開されていくわけです。実際の授業では、目の前の子どもたちの状況を適切に捉えながら、資質能力の向上を目指した先生たちの工夫を凝らした体育の授業が展開されていきます。自作の学習カードで思考判断の向上を目指したり、動きの技術ポイントを書き示した大きな模造紙や印刷物を体育館の壁に貼って技能の向上を企図してみたりします。

　また、子どもたちの状況に合わせてゲーム等のルールや状況を設定したり、コートの大きさやネットの高さ等を変更してみたりするなど、先生方の体育の授業における工夫は素晴らしいものが多いです。これらの工夫は、体育の授業で必要だから実践されているわけですが、体育の授業では、ゲームで使用するボール、ハードル、学習カードや記入する鉛筆、コートを設定するライン

カー、ネットやそれを支える支柱等々、多くの教材、教具が必要となります。子どもたちにとってより良い体育の授業を展開していくためには、さまざまな教材、教具を用いることが必要なのです。となると、タブレットが不必要とされる理由はありません。しかし、それと同時に、タブレットが体育の授業において、どのような教材、教具として用いるべきなのか丁寧に検討していく必要があります。

　まずは、次の考えてみよう①で自分の考えを整理してみましょう。

【考えてみよう①】
　体育の授業にタブレットは必要でしょうか？　不必要でしょうか？
　必要だと考える人は、なぜ必要なのかという理由を具体的に出してみましょう。逆に、不必要だと考える人は、なぜ不必要なのかを具体的に出してみましょう。
　なお、必要な場面も不必要な部分も両方考えられるという人は、それぞれの場面における具体的な理由を出してみましょう。

　この考えてみよう①には、唯一の正答があるわけではありません。ここでは、必要だと考えたにせよ、不必要だと考えたにせよ、皆さんが出した具体的な理由や根拠が大切になるのです。そして、子どもたちにとって「より良い体育の授業」を手掛かりに考え、その理由や根拠についてICTの利活用がどのように寄り添っているのかを明確にすることが重要になります。

　つまり、「ICT機器があるから使用する」のではなく、この体育の授業では、「ICT機器を使用しないとできない学習活動がある」とか「この場面でICT機器を使用するとより良い学びが創られる」等といった明確な利活用の目的が必要になるのです。実際に、文部科学省のGIGAスクール構想の中では、以下のように記されています（図9-1）。ICT機器を使用することを目的とするのではなく、学習活動のいっそうの充実を目的とし、そのためにICT機器を使用していきましょう。

　子どもたちの個別最適化した学びを担保していくためには、タブレットなどのICT機器の利活用をしていく場面は自由闊達に検討されていくべきなの

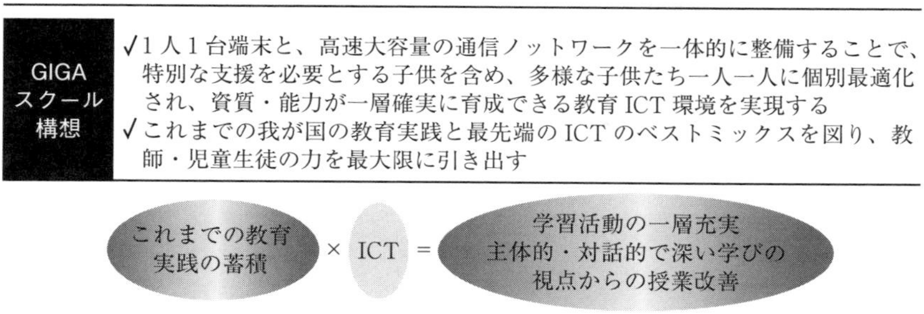
GIGA スクール構想
✓1 人 1 台端末と、高速大容量の通信ノットワークを一体的に整備することで、特別な支援を必要とする子供を含め、多様な子供たち一人一人に個別最適化され、資質・能力が一層確実に育成できる教育 ICT 環境を実現する
✓これまでの我が国の教育実践と最先端の ICT のベストミックスを図り、教師・児童生徒の力を最大限に引き出す
これまでの教育実践の蓄積
×
ICT
=
学習活動の一層充実
主体的・対話的で深い学びの視点からの授業改善

図 9-1　GIGA スクール構想における学びのイメージ
文部科学省（2020）

ですが、子どもたちが ICT 機器を持っているから使用しなくてはならない（義務）、という考え方に陥ることは避けなければなりません。つまり、利活用すること自体が「目的」となってしまい、活用しない場面が悪になってしまうようでは本末転倒ですし、子どもたちにとっても、窮屈で学びの少ない ICT 活用になってしまうでしょう。今までの素晴らしい教育実践からの英知を手掛かりに、その時代時代に即しながら、子どもたち一人ひとりの学びの状況に寄り添った ICT 利活用を創造していきましょう。タブレット等の ICT 機器を利活用した体育の授業は、今までにない新しい体育の授業として、目指す未来を実現できる輝かしい可能性を秘めていると言えるのです。

2. 学習場面におけるタブレットなどの ICT 機器の役割

実際の学習場面での活用を想定していく前に、まずは子どもたちの状況を把握しましょう（図 9-2）。この資料は、学習の中で ICT 機器が勉強の役に立つかどうかを調査したものです。実に小学校では 94.5%、中学校では 93.2% の子どもたちが、肯定的な意見であることが確認できます。これは、ICT 機器を利活用した既習事項であったり、成功体験であったりと要因はさまざま考えられますが、いずれにせよ、学習における主体者である子どもたちが、タブレットなどの ICT 機器を用いた活動や授業が、概ね役に立つと考えているこ

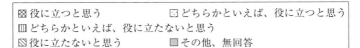

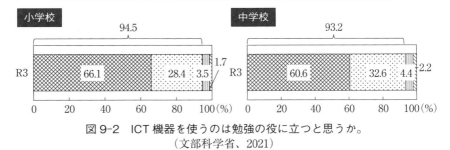

図 9-2　ICT 機器を使うのは勉強の役に立つと思うか。
（文部科学省、2021）

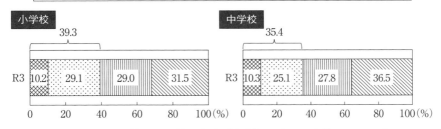

図 9-3　学校で ICT 機器を、他の友達〔生徒〕と意見を交換したり、調べたりするために、どの程度使用しているか。
（文部科学省、2021 年）

とが重要です。換言すれば、ここからは、ICT 機器を用いた学習や授業に対して、子どもたちは大いに期待感を示していると捉えられるのです。

　しかし、その一方で次の資料からは、子どもたちの ICT 機器の利活用への期待に反した結果が報告されています（図 9-3）。この資料は、学校で意見交換や調べ物をするために、どの程度 ICT 機器を利活用しているかについての調査です。ここからは小学校、中学校ともに、週一回以上使用している割合は 40％を下回っている状況が確認でき、十分に ICT 機器が利活用されているという状況とは言い難いです。

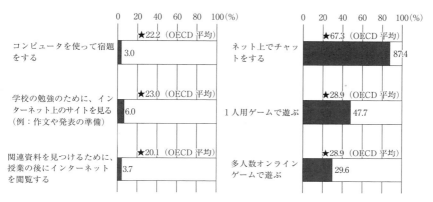

図9-4　学校外での平日のデジタル機器の利用状況
（文部科学省・国立教育政策研究所、2019）

　図9-4左は、学校外での学習活動に関するデジタル機器の使用についての調査になりますが、日本はOECDの平均に比べて大きく差があることが報告されています。ここからは、学校内での学習に関連した学習としての家庭学習においてもICT機器が用いられていないことが確認できます。このような状況からは残念ながら、世界から日本がICT後進国として捉えられているという事態も受け入れざるを得ない結果といえるでしょう。

　しかし一方（図9-4右）では、「ネット上でチャットをする」や「一人用ゲームで遊ぶ」などの項目について、OECDの平均を上回っていることが確認できます。ここからは、日本の子どもたちはデジタル機器を利活用できない状況なのではなく、学校や学習活動においてのデジタル機器の利活用状況についてが芳しくない状況にあると想定できるのです。

　「好きこそものの上手なれ」という言葉がありますが、この言葉は、好きなことが前提となって、ものごとが上手になっていくという意味です。学校外での利活用が活発であるということは、日本の子どもたちはタブレット等のデジタル機器を好きで利活用している可能性があることを示しているとも言えると考えます。この点から考えると、子どもたちの興味関心と学校や学校外での学びにおけるICT機器の利活用を結び付けていくことが、より良い学びへのア

クセスとなるのだと言えるでしょう。

　ここまで、子どもたちの ICT 利活用への期待感や学校外におけるデジタル機器の高い使用状況はあるものの、一方では、学校や学習場面での ICT 利活用の状況が低いという状況について確認できました。よって、今後はわれわれ指導者側が、子どもたちの興味関心や期待感に応えていくような ICT の利活用の提案が求められていると考えるのです。

【考えてみよう②】
　ここまでの内容から、現状では子どもたちの期待感と実際の学校現場における ICT 機器の利活用には乖離がありますが、時間経過と共に ICT 機器やインターネット環境の改善がなされていくと想定すると、この乖離は徐々に解消されていくでしょう。それでは、利活用環境が整った時に、子どもたちに必要とされる能力とはどのようなものが想定されますか？　インターネット上での活用も想定した ICT 機器を用いた体育の授業を想定する時、子どもたちが身につけておくべき能力等をできるだけ具体的に考えてみましょう。

　社会生活を送る際には、身につけておくべきルールやマナーがあります。現在の社会生活が成り立っているのは、一人ひとりの人間がその中で生活を営んでいる上で成り立っているといえます。そして、それはインターネット環境でも同一です。インターネット上には、法整備はもちろん、セキュリティ面でも対策すべき点が多々あります。例えば、個人情報の漏洩や SNS 等での誹謗中傷など、実際に起こってしまうと大きな社会問題となるような事案もありますから、十分な対策が必要となるでしょう。

　そこで、大熊（2021）は、リテラシーを自分が意味解釈したり、有効に活用したり、パフォーマンスを発揮するための能力と定義したうえで、「情報リテラシー教育」によって、インターネット時代における子どもたちに情報リテラシーを育成していく重要性を述べています。情報リテラシーを備えた子どもたちが、多様な視点を有し、自分や他者との学びをより良くしていくような ICT 機器の利活用能力を伸長させていきましょう。

3. タブレットを利活用できる好機が来た。そして未来へ。

　GIGA スクール構想の展開によって、ひと昔前のような学校のパソコン教室にしかパソコンがない状況から、子どもたちに一人一台の ICT 端末が配備されています（図9-5）。令和4年3月時点、公立小中学校等において、教育用コンピュータは一人一台配備されたことが報告されています。つまり、一人一台のタブレットなどの ICT 機器を用いた授業を展開できる環境は整ったのです。

　それでは、体育の授業においてタブレットなどの ICT 機器をどのように利活用できるのかを示していきます。例えば、体育授業での ICT 利活用場面において「直感的に操作できるタブレットをデジタルネイティブの子どもたちは

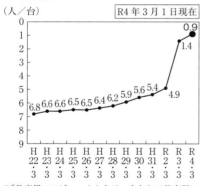

①教育用コンピュータ1台当たりの児童生徒数

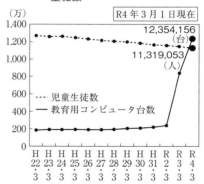

（参考）教育用コンピュータ台数と児童生徒数

※「教育用コンピュータ」とは、主として教育用に利用しているコンピュータのことをいう。教職員が主として校務用に利用しているコンピュータ（校務用コンピュータ）は含まない。
※「教育用コンピュータ」は指導者用と学習者用の両方を含む。
※「教育用コンピュータ」はタブレット型コンピュータのほか、コンピュータ教室等に整備されているコンピュータを含む。

※教育用コンピュータ台数は、12,354,156台（令和3年3月は、8,343,901台）。
※児童生徒数は、11,319,053人（令和3年3月は、11,452,154人）。

図9-5　学校における ICT 環境の整備状況の推移
（文部科学省、2022）

十分に使いこなしている（石井、2021)」ことや「ICT の使い方次第で、運動量が増加すること（鈴木、2021)」、そして「ICT を使用することで、『知識・技能』『思考力・判断力・表現力等』『主体的に学びに向かう態度』の全ての資質能力への効果が期待される（中島、2021)」こと等が示されています。これらは、体育授業に ICT を用いる時に、よく受ける質問について回答されたものです。「ICT を用いた体育の授業は体育の授業らしくない」と捉えられている場面は少なくなったように感じていますが、このような質問を受けることはいまだにあります。

ICT 機器の利活用については、徐々に研究や実践が進んできている面もあります。例えば、私たちが構成している研究グループ「体育 ICT 研究会」では、VR や AR 技術を用いたり、AI やドローンを活用したりした体育授業の研究を推進していますが、これからもますます発展していくことが期待されています。

David Kirk（2021）は、「体育の教育効果を最適化するためには、今後の展開として、学校の時間と空間の組み合わせを教育機関として再構成する創造的な方法を見出さなければなりません。デジタル技術はこれを行うための一つの可能性を提供しています」と示していますが、今後はますますデジタル技術を利活用した新しい体育の授業の構築が求められると考えます。子どもたちの資質能力の育成を目的とした体育の授業構築を前提としながら、タブレットなどの ICT 機器を利活用して、これまでで誰も見たことのない、誰も受けたことのない新しい体育授業の創造を目指していきましょう。きっとそこでは、すべての子どもたちが笑顔で体育の授業に取り組んでいることでしょう。

【考えるためのタネ】

　総務省（2022）の調査によると、情報端末を保有する世帯の割合は97.3%となっており、今や私たちの生活と切っても切れない関係にあると言えます。スマートフォンによる電子マネーや電子決済、生活家電の操作や自宅や自動車の鍵の開け閉め等、生活における利便性の「向上」を目指してインターネットが多くのモノと繋がっています（まさに IoT の時代と言えます）。そ

れでは、体育授業の「向上」における ICT 利活用には、どのようなものが考えられるでしょうか？

　毎日スマートフォン等の ICT 端末を利活用されている皆さんだからこそ、これまでの自分自身の ICT 利活用を大きな考えるタネにして、子どもたちの未来の体育を創造し続けてみましょう。

スマートフォンを保有している世帯の割合が堅調に伸びており（88.6%）、パソコン（69.8%）・固定電話（66.5%）を保有している世帯の割合を上回っている。

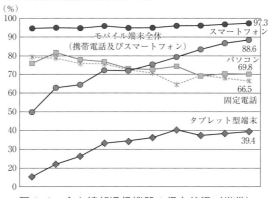

図 9-6　主な情報通信機器の保有状況（世帯）
（総務省、2022 年 5 月）

《栄養となる書籍》
・鈴木直樹・鈴木一成（2019）、体育の「主体的・対話的で深い学び」を支える ICT の利活用、創文企画
・鈴木直樹編著（2020）、8 つのポイントで運動大好きの子供をつくる！ 体育授業の ICT 活用アイデア 56、明治図書

引用参考文献
1)　文部科学省（2017）、小学校学習指導要領（平成 29 年告示）解説、東洋館出版社。
2)　文部科学省（2020）、「GIGA スクール構想」について参考 3。
3)　文部科学省（2021）、令和 3 年度全国学力・学習状況調査の結果（概要）。
4)　文部科学省（2022）、令和 3 年度学校における教育の情報化の実態等に関する調査結果（概要）。

5) 文部科学省・国立教育政策研究所（2019）、OECD 生徒の学習到達度調査 2018 年調査（PISA2018）のポイント。

6) 総務省（2022）、令和 3 年通信利用動向調査ポイント。

7) 鈴木直樹編著（2021）、ICT ×体育・保健体育　GIGA スクールに対応した授業スタンダード、明治図書。

8) 鈴木直樹・中島寿宏・成家篤史・村瀬浩二・大熊誠二（2021）、GIGA スクール時代における体育の「主体的・対話的で深い学び」— Society5.0 がもたらす体育のコペルニクス的転回 —、創文企画、p.14.

体育の授業づくり論

第 **10** 章

どうやって授業を計画・実践するの？
― 授業づくりのプロセスを考える ―

1. 授業計画の立て方のその問題点

【考えてみよう①】
　私が若手教員であった頃（2000 年代）は、「クラスの全員が逆上がりをできるようになろう！」という体育の授業をしていました。全員が逆上がりをできるようになることを目指し、私は子どもに熱心に技能的なアドバイスをしました。さらに、つまずきに応じたスモールステップの場を用意したり、技能ポイントをおさえた分かりやすい学習カードを作成したりして、子どもの技能向上を目指して奮闘していました。
　しかし、今ふりかえると子どもたちに生涯にわたって運動に親しむ資質能力を育む授業をしていたのか問い直しています。現在、社会で求められている資質能力は、ただ単に技能を身に付けるというだけでは、育成できないと言われています。それでは、今はどのような体育を目指して授業をつくるべきなのでしょう。

　体育の授業を計画していくと「どうしたらクラスのみんなが○○をできるようになるか」というように、子ども全員が同じ技能を身に付けることを中心に授業づくりをしてしまうことが多くみられます。そのような授業では、全員が「できるようになる」ために、子どもがつまずきそうなところを想定してスモールステップの場を用意して、全員が「できた喜び」を味わうために指導することが教師の役割と認識されてきたのではないでしょうか。このような体育

の学習観は、子どもに技能を身に付けさせることが一番重要であるという「技能主義」といわれます。この「技能主義」は「体育を教える多くの人が、知らず知らずのうちに巻き込まれている一つの『癖』」（松田、2011）と言われています。さらに、運動技能のように目に見えて分かりやすい内容を効率よく教師が伝達して子どもが習得していく教育法は「20 世紀型の伝統的な教育方法」（梅澤、2018）と言われています。

　体育の学習観は、「運動に関わる技術や知識等を学ぶことが運動を学ぶ」ことだとする立場と、「運動そのものの面白さや楽しさを中核として運動を学ぶ」ことだとする立場があります（松本、2013）。今までは「体育＝技能を学ぶ」という考え方が一般的であったかと思います。今でもそのような信念を抱いて授業づくりをしている教師は多くいるかもしれません。しかし、これからの社会においては、ただ知識や技能を身に付けるだけではなく、その知識と技能を、状況と文脈の中で発揮することが求められています。

　つまり、教師が一方的に知識の伝達をするのではなく、子どもたちが授業においてかかわり合いながら、何かを学んだり、何かを創造していったりすること（鈴木、2008）が求められています。これを関係論的な学習と言います。関係論的な学習は「自己－他者－モノ」とのかかわりと考えられ、学習内容は豊かなかかわり合いによって意味が付与されることによって生成されると捉えられます。それは、技能を「獲得」することが学習と考えられてきた体育を運動の意味を「生成」することへのパラダイムシフトを示唆しています。

　このように、体育では今まで考えられてきた技能を身に付けることを学習の中心と考えられてきた学習観が、社会の変化によって変わってきています。これからは教師が「何を教えるのか」という教師側の視点から、子どもが学びの状況と文脈の渦中で、仲間と協働的に３つの資質・能力をバランスよく身に付け、「何ができるようになるのか」「どのように学ぶのか」という子ども側の視点で授業をつくることが求められます。

2. 授業計画を 9 個のプロセスで考えよう

　本章では、一つの運動（単元）の授業づくりをするのに、大きく 9 個のプロセスに分けて考えていきたいと思います。まず、①年間計画（カリキュラム）の中での単元の位置づけを把握するとともに、②子どもの運動経験などから実態を把握します。加えて、③子どもに味わってほしい運動のおもしろさ（運動の特性）を明確にし、④この授業で目指す具体的な子どもの姿を想定することから授業づくりがスタートします。この 4 つのプロセスで授業づくりの「コンセプト」を立てていくことになります。

　しかし、実際の現場での授業づくりでも、授業のコンセプトを考えることなく、教材づくりばかりに視点を置いてしまうことがあります。このような、教材ありきの授業づくりでは子どもの思いや姿が置き去りになってしまいます。そのようなことにならないように、授業づくりのコンセプトをしっかりと立てることが大切になります。

　そして、子どもの目指す姿を具現化するための手立てとして⑤教材・教具を工夫します。それと同時に⑥子どもの学びの足跡となる学習過程を考え、⑦学習形態や⑧学習カード、学習資料を子どもに合わせていきます。そして、実際に授業に臨む前に、あらかじめ子どもがつまずきそうな場面を想定して、⑨教師の見取りや発問、支援をイメージしておく一連のプロセスが授業づくりといえるでしょう。

（1）　年間計画

　体育の年間計画は、学年の子どもの心身の発達的特性や運動への興味・関心、運動技能などに応じて、体育の目標と内容に準じて各学年で取り上げる運動種目（単元）を決め、それらをいつ、どのような順序で計画し、学習するかを具体的に予定したものです（立木ら、2009）。Wiggins & McTighe（1998）は「逆向き設計」論で、単元設計（ミクロな設計）ならびに、年間指導計画やカリキュラム全体の設計（マクロな設計）を行う際に、「求められる結果」「承

図 10-1　「逆向き設計」プロセスの三段階
（西岡、2008）

認できる証拠」「学習経験と指導」を三位一体のものとして考えることを提唱し、教育によって最終的にもたらされる結果から遡って教育を設計することの重要性を述べています（図10-1）。各単元での学びをぶつ切りに考えるのではなく、長期的な学習と指導と評価を一体として考えることが資質・能力の育成をすることになり、それが主体的・対話的で深い学びの実現に向けての授業改善につながります。

　授業づくりをしていく際に、教師はどうしてもその運動「のみ」の成果を求めてしまいがちです。しかし、学んだことが「社会のさまざまな場面で活用できる」ことが求められ、その運動で学んだことが他の単元でも生かされることを想定して授業づくりをする必要があります。このように、授業づくりの第1歩はその領域や単元が学校のカリキュラムでどのように系統的・体系的に位置付いているのかを知ることにあります。

（2）子どもの実態

　その単元が学校のカリキュラムにどのように位置付いているかを知るということは、子どもの今までの運動経験を知ることにもなります。例えば、ボール運動のゴール型が初めての学習なのか、もしくは、昨年度もゴール型を学んでいるのかによって、ボールを持たないときの動きについて学ぶ内容も変わってきます。さらには作戦の立て方も変わってきます。また、アンケート調査や子どもの普段の様子を観察して実態を十分に把握することが重要です。

（3） 運動のおもしろさ（運動の特性）

【考えてみよう②】

　みなさんが子どもに味わってもらいたい「ベースボール型のおもしろさ」は何ですか？

　A：思いっきりバットを振って、ボールが遠くに飛ぶおもしろさ。

　B：進塁したり進塁を防いだりする攻防を競い合うおもしろさ。

　Aをベースボール型のおもしろさと考えると、ゲーム中のパフォーマンスの中心はバッターがボールを打つことであり、ボールを打つことが「目的」になります。つまり、「ホームラン競争」や「バッティングセンター」のようなゲームを楽しむことになります。Bをおもしろさと考えると、バッターがボールを打つことは出塁するための「手段」になり、「いかに多くの塁を取る」ことが攻撃側の戦術的課題になります。また、守備側は攻撃側に「多くの塁を取らせない」ために、チームで連携して進塁を阻止することが戦術的課題になります。

　「運動の中心的なおもしろさ（文化的な価値）」とは、「何か（概念）」に相当し、その運動のAuthentic（真正）なおもしろさを導き出し、単元の主題（テーマ）を設定することです（岡野、2008）。松田（2001）は運動の特性について

> 「走り高跳びは競争型の運動だ」とか「マット運動は達成型の運動だ」というように、運動を固定的に考えるものではないということだ。そうではなくて、それぞれの運動の「おもしろさ」をとらえるための「窓」のようなもので、同じ「窓」からいろいろな運動をみることもできるし、逆に1つの運動をいろいろな「窓」から見ることもできる。

と述べています。つまり、ベースボール型の学習で「バットでボールを遠くに飛ばすおもしろさ」を味わわせたいか、「走者と守備者のどちらが先にベース（目的地）に辿り着くおもしろさ」を子どもに味わわせたいかによって、学習内容が変わり、授業づくりが変わっていくのです。

（4）　子どもの学びの姿

　子どもがこの運動のおもしろさを味わいながら「どのような姿になってほしいか」を具体的に想定します。観点は「知識及び技能」「思考力、判断力、表現力等」「学びに向かう力、人間性等」になります。例えば、5年生のベースボール型では、「チーム一人ひとりのよさに応じた守備の隊形を考えるとともに、チームメイトにその考えたことを伝える」ことを「思考力、判断力、表現力等」で目指す子どもの姿だと想定します。そして、この学びの姿を目指すために、手立てや工夫が立ち上がります。

（5）　教材・教具

　子どもを運動のおもしろさに誘い込み、想定した子どもの学びの姿を目指すために、その手立てが重要です。体育科でその手立ての中心となるのが教材づくりです。「教材」とは、学習内容を習得するための手段であり、その学習内容の習得をめぐる教授＝学習活動の直接な対象となるものです（岩田、2012）。教材についての詳細は、第13章にて説明します。

（6）　学習過程

　学習過程とは一般的に学習を進める道筋を意味していて、学習の流れを示す道筋は指導過程ではなく、学習過程とされ、子どもの側に立った学びとして捉えられています。子どもたちの目線に立って、どのくらいの時間で単元を展開すると目指す子どもの姿になるかの道筋を想定します。また、同時に1単位時間の流れをどのようにするかを考えます。

（7）　学習形態

　その運動のおもしろさやねらい、テーマに沿った学習を子どもに促す手段として、一斉学習、グループ学習、個別学習などの学習形態があります。準備運動や基礎となる運動感覚づくりの運動では、全員が同じ課題に取り組むため、一斉学習が多くなる傾向があります。グループ学習では運動のねらいによって技能等質グループや技能異質グループが構成され、学び合いを活発にす

るためにペア学習やトリオ学習といった形態や可変性のあるワークショップ形式が取り入れられます。一方、佐藤（2004）は現在求められる資質・能力から考えると習熟度別学習（体育でいう技能等質グループ）を「異質な他者とのコミュニケーション経験」を排除する学習形態だと指摘しています。学習形態に正しいものは存在しなく、子どもの発達段階や運動のテーマによって柔軟に対応していくことが大切です。

（8）学習資料やICT

　子どもが学習内容を深めたり、運動課題について気づいたことを記述したり、課題を次時の学習へつなげる役割をするのが学習資料や学習カードです。例えばボールゲームでは学習資料として、ルールを書いた画用紙を一斉学習で示すことで円滑に学習を進めることができたり、学習カードとしてチームカードと個人カードを工夫することでチームの作戦や一人ひとりのめあてをチーム全員で共有することができたりします。また、ICT機器を活用することで、ゲームの様相を撮影して客観的にふりかえって課題を把握しり、ネットワークにつないだICT機器を活用することで、仲間と協働的に課題を解決することが促されます。

（9）教師行動の想定

　体育の教師行動は直接的指導、マネジメント、観察、相互作用の4つに分類されます。効果的な相互作用の特徴として「賞賛」「助言」「課題提示」、さらに「励まし」を与えることが重要です（高橋、1989）。また、子どもが運動のおもしろさを実感しやすくするために、教師の意図的な「気づきを促す発問」も重要です（成家、2009）。

　どんなに事前に準備をした授業でも、教師行動でその授業は変わってします。そのため、事前に授業で子どもがつまずきそうな場面を想定し、「いま―ここ」の子どもの運動の意味を解釈して、見取り、子どもの学びを促進することが重要です。言い換えればこの「見取り」が教師として力量と言えます。

3.　これからの体育の授業づくりをもとめて

　体育の授業づくりをまとめると図10-2のようなプロセスを踏むことになります。他教科のように教科書のない体育の授業づくりは③運動の特性、つまりその運動のおもしろさを教師がどのように捉えるかで授業が大きく変わります。授業づくりで大切にしなくてはいけないのが、教師が運動の特性を明確にもつとともに、子どもにこの運動でこのように学んでほしいというコンセプトとなる「思い」をもつことです。そして、それを具現化するために、教材を工夫したり、教師行動を想定したり準備をします。

　これからの体育は運動のおもしろさを技や動きが「できる」だけに求めるのではなく、運動のおもしろさを子どもが味わいながら、運動が「できる―できない」の狭間を楽しめる授業スタイルに変わる必要があります。つまり、授業づくりをしていくプロセスの中で、子どもが「できる」ようになる授業づ

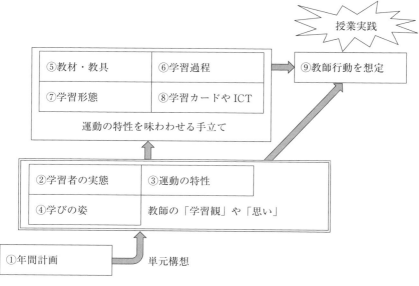

図 10-2　授業づくりのプロセス

くりを目指すのではなく、子ども一人ひとりの内側にある「思い」を大切にして、その運動が「できるか・できないか」自体を楽しめる体育の授業が求められるということです。そして、その思いを教師が子どもに押し付けるのではなく、子どもの一人ひとりの内側にある「どのように授業に参加したいか」という「思い」を大切にし、教師と子ども一人ひとりの「思い」が互いに寄り添いながら授業をつくっていくことが求められます。

【考えるタネ】

　今までの体育の学習観とこれからの時代を生きる子どもに求められる体育像から、どのように授業づくりが変わっていかなければいかないか考えよう。

《栄養となる書籍》

○鈴木直樹・石井卓之（2020）主体的・対話的で深い学びをつくる！ 教師と子どものための体育の「教科書」、明治図書

○松田恵示（2016）「遊び」から考える体育の学習指導、創文企画

参考文献

1) 岩田靖（2012）体育の教材を創る、大修館書店。
2) 成家篤史・鈴木直樹・寺坂民明（2013）「感覚的アプローチ」による水泳学習の実践提案、体育科教育学研究。
3) 松田恵示・山本俊彦（2001）かかわりを大切にした小学校体育の365日、教育出版。
4) 松田恵示（2011）新しい体育の「学び」のパラダイム、体育科教育59（6）、大修館書店、pp.18-22.
5) 松本大輔（2013）体育で学ぶこと（体育の内容論）、鈴木直樹・梅沢秋久・鈴木聡・松本大輔編「学び手の視点から創る小学校の体育授業」、大学教育出版、pp.22-30.
6) 岡野昇・佐藤学（2015）体育における「学びの共同体」の実践と探究、大修館書店。
7) 佐藤学（2004）習熟度別学習の何が問題か、岩波ブックレット。
8) 鈴木直樹（2007）運動の意味生成を支える体育授業における諸要因に関する研究、臨床教科教育学会。
9) 鈴木直樹（2008）関係論立つ小学校体育の授業づくり、大学教育出版。

10)　鈴木直樹（2013）体育の「これまで」と「これから」（存在論）、鈴木直樹・梅沢秋久・鈴木聡・松本大輔「学び手の視点から創る小学校の体育授業」、大学教育出版、pp.2-11.

11)　高橋健夫他（1989）教師の相互作用行動が子どもの学習行動及び授業成果に及ぼす影響について、体育学研究34（3）、pp.191-200.

12)　立木正・菊幸一・松田恵示（2005）小学校体育科授業研究第3版、教育出版。

13)　梅澤秋久（2018）体育科における現状と課題、日本教材文化研究財団編集、調査研究シリーズ77 これからの時代に求められる資質・能力を育成するための体育科学習指導の研究。

14)　Wiggins & McTighe（1998）Understanding by Design, ASCD, p.18.

第 **11** 章

サンマ（3つの間）（時間・空間・仲間）を どうやってデザインするの？
― 学習過程・学習形態を考える ―

1.　なぜ、体育が嫌いなの？

　令和4年度全国体力・運動能力、運動習慣等調査報告書（文部科学省、2022、12）では、小学校5年生男子の6.1%、女子の10.5%が、運動スポーツを「やや嫌い」もしくは「嫌い」と回答しています。この数字を多いとみるか少ないとみるかは意見が分かれると思いますが、筆者は、かなり多くの子どもたちが嫌いと回答しているように感じます。実際、小学校教員を経験していた時、小学生の「ほとんど」が体育を好きだと感じてきました。しかし、男女の1割弱が体育を好きではないと感じているのであれば、それは「ほとんど」が好きといってよいのだろうかと疑問に思います。そこで、本章の冒頭では、運動・スポーツを嫌いであると話す小学校2年生S子さんが書いた作文を紹介して体育嫌いについて考えてみたいと思います。

　　わたしは、体育のじゅぎょうがときどききらいです。それは、かつことばっかり考えている人がいるからです。シュートゲームをしている時にボールがコーンに当たったのに、当たっていないという人がいます。だから、いやなきもちになって、見学したこともありました。わたしは、かつときもあればまけるときもあると思います。みんな一生けんめいにがんばっているけど、うまくいかない時があるのでざんねんです。

　　あと、シュートゲームのじゅんばんをまっている時、何をしていいのかがよくわからずにたいくつなことも多く、まっている時間がつまらないからです。ほか

の人も同じで、その時間にトラブルになることもあります。友だちのしあいを見
たりおうえんしたりしている人もいるけど、点のこととか、まけたことでけんか
になることがあります。

　それから、ゲームのコートやルールがいつも同じだからです。もっとたのしく
なるくふうをかんがえたらもっとおもしろいシュートゲームになると思います。

【考えてみよう①】
　S子さんの作文から読み取ることができる体育が嫌いだと考える理由を話し
合ってみましょう。そして、どうすれば改善できるかについても話し合ってみ
ましょう。

2.　体育嫌いを生み出す要因

（1）　体育嫌いを生み出す「時間」

　Sさんは「まっている時間がつまらない」と話しています。学習にかかわる
ことができていないと感じている時間が多いということだと思います。

　確かに学びに夢中になれない状況が、「授業」であるということによって存
在しているように感じます。筆者は、自分が小学校教員として体育を指導して
いる時にはあまり感じなかったのですが、教員を養成する側になり、多くの体
育授業を観察するようになって、不思議に思うことがありました。それは業間
休みが終わった3時間目の子どもたちの姿でした。子どもたちは、2時間目の
授業が終わると昇降口から勢いよく走ってグラウンドに出てきて、一目散に遊
び始めます。もちろん準備運動をしてから遊びはじめる子どもなど皆無といっ
てもよいと思います。鬼ごっこに興じる子ども、縄跳びに興じる子ども、サッ
カーやバスケなどに興じる子どもなど笑顔で汗一杯活動しています。その活動
量は、体育の時間と同様、場合によってはそれ以上なのかもしれません。その
様子は歓声に溢れ、勢いを感じる時間でした。

　そして、3時間目、体育の授業を受ける子どもたちが体育小屋の前に集合し
ています。あいさつをして、授業開始です。そして、「1・2・3・4・・・」と
準備体操が始まりました。これがしばらく続きます。グラウンドを周回し、整

列し、教師から課題が提示されました。ここまでで約10分です。筆者は、業間休みにすでに激しく活動して準備ができている子どもたちに対して儀礼的に準備体操をさせ、周回走をさせることに強く疑問を感じました。この10分の時間をもっと子どもにとってエキサイティングな時間に変えることができたら、運動の喜びにもっと触れることができるのではないかと思いました。

　また、小学校2年生の子どもが平均台の授業に取り組んでいる時のことでした。単元前半で、子どもたちは、バランスを取りながら移動することを課題に活動に取り組んでいました。最初は、ただ平均台を移動するだけでも難しかった子どもたちですが、少しずつ安定するようになり、それに伴いながら、後ろ向きに移動したり、ドリブルしながら移動したり、二人が同時にスタートして平均台の真ん中で平均台から落ちないようにすれ違って移動したりするようになりました。活動の仕方を工夫しながら、遊び、その中で動きの質が高まっていっていました。

　そして、単元の後半に、平均台でリレーが始まりました。同じ器具を使い、同じ動きを使って活動はしていますが、競争に夢中になっている子どもたちはバランスをとって遊ぶことを忘れ、勝ち負けに一生懸命になっていきます。勢いよく走って、落ちてもお構いなし、勝ち負けの結果に動機づけられている姿に、前半の「グラグラ、ゆらゆら」を遊ぶ姿は見る影もなくなってしまいました。このような様子を目にして、1時間の授業の時間、単元の時間をどのように流すかという学習過程が、子どもたちが運動の喜びにふれる上で重要であると考えました。

（2）　体育嫌いを生み出す「仲間」

　次に、Sさんは、「かつことばっかり考えている人」の存在によって、体育が好きになれない理由を語っています。学習をともにする仲間がどのような存在であるかがとても重要であるといえると思います。

　筆者には娘がおります。彼女は小学4年生の時に、米国の小学校で半年を過ごしました。その時、それまで、まったくやったことがなかった野球を毎週日曜日に通ってやっていました。それどころか、バットとグローブをねだり、購

入して、自宅で暇があれば野球を筆者とやっていました。二人野球と称し、透明ランナーを駆使しながら庭で野球を遊んだものでした。その娘が、日本に帰るときにバットを持ち帰りたいと懇願しました。その姿に筆者は、「日本でも野球をやりたいなら、日本でバットを買ってあげるから、このバットはスーツケースに入らないので、寄付していこう」と言いました。すると娘は、「日本では男の子に文句言われるからやらないと思う」と話しました。そして、続けて、「米国では失敗はない、何でも Good Job。挑戦できるのがここなんだよ」と言いました。英語がまったく話せない状況で渡米し、運動能力も低い娘が、米国の小学校で仲間とイキイキと運動に親しむ姿を見て親として教育者として考えることが多くありました。そして、「運動をする」という思いは、周りの仲間たちの関係で形成されることを強く実感し、学び合う仲間が学びを育むということを改めて意識したことを覚えています。

　また、筆者の指導学生の卒業研究で、高校生の体育授業のサッカーに注目し、その中でプレーに消極的になってしまう理由を調査しました。彼は、生徒たちにインタビューをしながら、なぜ、プレーに消極的になっていくのかを整理しました。その結果、「ミスへの恐れ」があることが明らかになりました。そして、その「ミスへの恐れ」は他者からの視線を気にすることによって生まれていることが原因であることが明らかになりました。このように仲間とどのような関係を築くことができるかは、体育・運動を好きになったり、嫌いになったりすることの一因のように思われます。したがって、集団をどのように組織するかという学習形態の問題は大変重要であるといえると思います。

（3）　体育嫌いを生み出す「空間」

　3つ目に、Ｓさんは「ゲームのコートやルールがいつも同じだからです。もっとたのしくなるくふうをかんがえたらもっとおもしろいシュートゲームになる」と話しています。学習が展開される空間がどのようなものであるかが、重要であるといえると思います。

　体育があまり好きでないＮ君という小学校5年生がいました。彼は、特に、マット運動が嫌いでした。その授業を観察に行った時のことでした。マットは

左図のように体育館に敷かれ、体
育館の壁側から子どもたちが試技
をするように展開されていました
（黒矢印）。

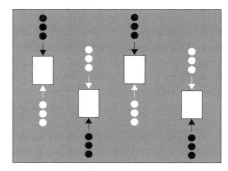

図11-1　体育館に敷いたマット

　N君は、できるだけ試技をしな
いようにマットから離れた位置に
立っていましたが、同じグループ
の子どもに促され、試技をしてい
ました。その試技も、わざと失敗
するかのようにいい加減に活動し、「できないことを隠す」かのように振舞っ
ています。観察しながら、「できないところを人に見られたくない」というよ
うに感じました。わざと大げさに失敗したりして、グループの笑いを誘うよう
なこともありました。他のグループの子どもたちもその動きを見て笑ったりし
て、苦笑いしながら、演技を終えています。しかし、その後、列の後ろに戻る
とまた暗い顔を見せます。誰の目から見てもN君がマット運動を嫌いなこと
は明白でした。

　次の時間のことでした。N君の担任の先生は、マットのおき方は同じまま
で、内側に子どもを並ばせ、内側から体育館の壁側に向かって試技をさせるよ
うにしました。N君は、前回と同じようにわざと失敗してみせたりしていた
のですが、なんだかいつもと様子が変わってきました。少しずつ真剣に自分の
課題に取り組むようになったのです。できないことを悔しがり、できようと練
習する様子が見られました。この変化に、筆者はとても驚きました。その日の
授業の後、N君に話を聞いてみました。すると、「今日は自分のことに集中で
きてよかった」と言うのです。どうもこれまでの授業では、いつも仲間の視線
が気になって、失敗を恐れて活動に集中できなかったようでした。しかし、内
側から外側に演技することで、自分の視野に友人の姿はなく、「見られている」
という意識はやわらいだようでした。

　一方で、跳び箱の授業で、集団跳び箱運動の活動に取り組んでいる6年生
がいました。単元の開始の時点では、体育館に一列になって活動の場が設定さ

れ、すべての場が、同じ側からスタートし、同じ方向に試技をするような形で
展開されていました。最初は勢いよくスタートしたのですが、子どもたちはな
かなかアイデアを工夫することができないまま、しだいに活動が停滞していき
ました。しかし、次の時間に放射状に跳び箱を配置し、すべてのグループが体
育館の中心に向かって演技するようにしたところ、活動しながら、すべての活
動を観ることができ、そこからヒントを得て、自分達の活動を修正しながら、
面白い、魅力的な集団での跳び箱運動を行うことができるようになっていきま
した。

　この跳び箱運動では、先ほどの N 君の例とは逆に、見あえる空間になった
ことにより、活動が促されたものになっています。このように、子どもたちが
主体的に運動に取り組むことができる空間は重要といえ、仲間との出会い方の
演出や道具との出会いは重要であるといえそうです。

3.　体育授業の時間のデザイン～学習過程論

【考えてみよう②】
　写真は、子どもたちがゲームの学習
に取り組んでいる様子です。「夢中」
になって活動しています。「運動の教
育」といわれる目的論的な体育では、
子どもたちが運動することの魅力や面
白さに十分にふれていることが大切だ
と思います。それでは、どのような活
動であれば、子どもたちが「夢中」に
なることができるでしょうか？　話し合ってみましょう。

　かつてプロのサッカープレイヤーに素晴らしいパフォーマンス場面を振り
返ってもらい、そのシーンを映像で振り返り、何を考えてそのようなプレー
をしたのかを尋ねたことがありました。その時の回答は、「覚えていない。自
然に身体が動いていた」ということでした。高いパフォーマンスを発揮してい

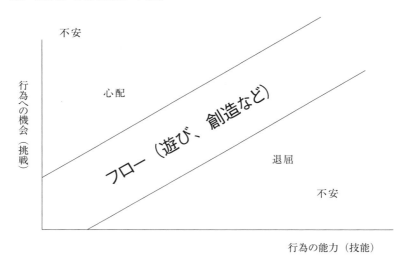

図11-2　フロー状態のモデル
（チクセントミハイ、2000）

る時、人はその活動に没入しており、意識と行為が一体となっているいわれます。このような感覚をチクセントミハイ（2000）は、「フロー」と呼び、それは「全人的に行為に人が感ずる包括的感覚」を指しています。フロー状態のモデルは図11-2のように示されています。フロー状態にあるとき、人は行為に夢中になっており、それは行為するための課題のレベルと行為にかかわる技能のレベルが釣り合っている時に感じられるものであり、その経験は自己目的的なものになっています。しかし、課題が行為者の技能よりもかなり高ければ、結果として生じる緊張が不安として経験されるし、依然として行為者の技能よりも少し高ければ、行為をすることに心配を感じています。一方、課題に対して行為者の技能レベルが高い場合は、行為が退屈になりますし、その幅がより大きくなると行為することに不安を感じてしまいます。

　フロー状態で学んでいるとき、子どもたちの能力は、よりよく伸びるといわれています。すなわち、学習をよりよくさせる上では、フロー状態で夢中に活動できることが大切といえます。しかし、これまでの体育の学習の時間は、教師によってフロー状態を作り出すような授業であったといってもよいと思い

ます。しかし、生涯スポーツとの関連を強調するならば、運動・スポーツで自立することが大切です。したがって、教師とともに創り出した場において子ども自身が意思決定をしてフローに入っていくという時間のデザインが大切だと思います。活動の実施計画としての時間ではなく、子どもの学びの流れとしての時間から学習過程を考えていく必要があると思います。

4. 体育授業の場〈仲間・空間〉のデザイン〜学習形態論

【考えてみよう③】
　以下は体育授業で利活用される代表的な4つの指導モデルです。それぞれの長短所を話し合ってみましょう！

学習形態	一斉学習	班別学習	グループ学習	個別学習
特徴	1人の教師が、対象となるすべての学習者を1つの学習集団として、共通の学習内容を同時に、学習させる。	学習者を管理的必要から等質または異質のいくつかの班に分け、班の学習状況に応じて教師が班別に指導し、学習させる。	学習者を等質または異質のいくつかのグループに分け、グループ成員相互の共同学習によって学習させる。	学習者と教師が一対一の関係で向き合い、学習させる。

　近代教育が始まって以来、誰にも共通に同じ内容を授け与えるといった一斉学習という形態が授業で中心的に利用されてきた方法でした。すなわち、「みんなに同じこと」を「みんなに同じように」学習させるという考えのもとに活用されていたといってよいと思います。このような方法では、学習者が一斉に同じことに取り組むために、体育のように学習成果が知覚されやすい特性のある教科では、学習者が相対化されやすいと思います。
　また、学習内容が共通であるために、さまざまな子どもたちが同時に学習する授業においては、活動に不安や恐怖あるいは退屈感を感じることが予想さ

れ、それぞれの力にあった学習を進めることの難しい学習形態でもあります。さらに、一人の教師が全員を指導するために、目が行き届かないところもあります。そこで、このような問題を解消するために、管理的必要から学習集団をいくつかの小集団に分け、指導する班別学習も活用されています。この班別学習では、等質に班編成をすることで、班ごとに学習課題や目標を設定しやすくなります。また、班長と称する小先生が、教師が管理してきたことを担い、まとめてくれるため、マネジメントも少なくて済むことが予想されます。しかしながら、一斉学習にしても班別学習にしても教師が意思決定をする存在であり、子どもの受動的な学習を招きやすいといえます。

　一方、グループ学習は、班別学習と同様に、小集団に分け、学習活動が展開されますが、グループ相互の協働によって学習が展開され、自律的な集団として学習者が位置づきます。ただし、そのためには、学び方を子どもたちが身につけている必要があり、系統的な指導や導入での指導が重要であるとともに、一斉指導や班別学習に比して、子どもたちの思考している時間が長くなりがちです。

　さらに、個別学習では、個々人が自分の目標を設定し、個人のペースで学習を進めることができるために、技能だけに着目すれば、個人差に応じた指導が可能になります。しかし、学校体育では、技能のみならず、態度、思考・判断、知識、社会性をも学習目標とするために、扱いには注意が必要です。何故ならば、個別に黙々と取り組むことは、トレーニングとなんら変わらず、プレーの本質を失うどころか、体育の教育的側面を失う可能性を秘めているからです。このような学習形態の特徴を友添（2010）は、表11-1のように整理しています。　これらの学習形態は、どれが良いとかどれが悪いではなく、その長短所を理解した上で、授業の状況と文脈に応じて活用することが重要です。

　ところで、最近では、男女共習で授業を展開することは、日常の光景として見られるようになり、ノーマライゼーションの考え方の広がりに伴い、健常者と障がい者が授業の中で共に学習する光景も見られるようになりました。これらは、ある種の壁を超えた学習形態の取り組みともいえますが、いわば、みんな「違う」ということを再確認したにすぎないのかもしれません。筆者は、

表 11-1　学習形態の特徴

(友添、2010)

学習形態	長所	短所
一斉学習	・学習者がほぼ等質の場合、教師の計画に従って能率的に指導できる。 ・技能低位児のスクリーニング機能がある。	・学習者の個人差に対応しにくい。 ・学習者に主体性をもたせることが難しい。
班別学習	等質に班が編成される場合、学習者が個人の技能に応じた学習課題や目標を設定しやすい。	・学習者の受動的な態度を招きやすい。 ・等質に班編成が編成される場合、優劣感や劣等感を招きやすく、排他的な人間関係が生じることもある。
グループ学習	・学習者相互の教え合いや相互援助が容易で、自主的・主体的学習に取り組ませることができる。 ・個人の学習課題やグループの目標が設定しやすい。	・教師の構えや準備、学習者の「学び方の学習」が必要になる。 ・単元のはじめの段階の重視や有効な学習資料の準備が不可欠である。
個別学習	・学習者の個人差に対応した丁寧な指導が可能になる。 ・学習者の学習ペースが保障される。	・学習者に社会的関係が生まれにくいので、訓育的課題に十分にこたえられない。

　かつて、小学校で教員をしていた時に、いわゆる障がいをもっているという子どもと授業を共にする機会を得ました。ある水泳授業の時、筆者は彼に個別で無理をしなくてもいいということを告げ、配慮してほしい点を尋ねました。その時、その子どもは「僕は特別ではない」と話しました。この時に、授業者である私は、彼を特別な弱者として見ていたのかもしれません。この出来事以降、筆者の子ども観は、「みんなが違う」に変化していきました。

　これまで、「みんな同じ」ということが強調され、学習が組織されすぎたのではないでしょうか？ そこに集う学習者が、共に同じことをするのではなく（共同）、働きかけ合い、協力して学習に取り組んでいくことこそ（協働）、今

求められているのではないでしょうか？ このような理由から筆者は、「共同」ではなく、「協働」という言葉を使っています。女子や障がい者は決して弱い人間ではないと思います。一人ひとりの「いま―ここ」の学びは、性差や障がいを超え、そこに集うものを学習に誘っていくはずです。したがって、これからの学校体育では、異質協働の学習の組織的側面こそ重視されるべきであると考えます。

5. サンマを工夫した指導をめざして

阪田（2010）は、学びと身体空間との関係から、

> われわれの身体は周囲世界（他者）からの影響受けつつ、その一方で周囲世界（他者）に主体的に働きかけながら、相互を含み合う関係にあると述べています。そのように考えると、学びは、指導者の拡張する身体と、学習者の拡張する身体が、相互に含み合い、交錯する地点にあるといえます。指導者の背後にはさらに多くの指導者達が存在し、また学習者の先にはさらに多くの学習者達が続くことを鑑みると、学びとは、過去から未来へ連綿と連なる継承者達の『身体空間』の上に構築されるものであると言えるであろう。

と述べています。

この内容は、筆者自身も一指導者として大いに納得できる内容ですし、過去、現在、未来へと人としての学びが連続して継承され続けていくような大切な示唆であると思います。だからこそ、指導者として、この瞬間の学びをより充実させていくことを求めていくべきであると強く感じられることであると考えます。

子どもたちの学びに寄り添い、一瞬一瞬の学びを大切に考える時、「時間」「空間」「仲間」というサンマ（三間）をより充実させた〈モノ〉を生んでいく必要があると思います。学校教育活動において、どのようにサンマを料理（指導）していけば、子どもたちに良質な食事（学び）を提供できるかを模索し続けていきましょう！

【考えるタネ】

　これまでの体育授業を振り返り、「サンマ（時間・空間・仲間）」がうまくデザインされていたと思う授業を取り上げ、その秘密について語ってみましょう。

《栄養となる書籍》

○高橋健夫・岡出美則・友添秀則・岩田靖（2010）体育科教育学入門、大修館書店

○鈴木直樹・中村なおみ・大熊誠二（2019）「主体的・対話的で深い学び」は授業の導入が創る！ 〜準備体操・準備運動を見直して体育の授業を大改革！〜、明治図書

参考、引用文献

1）　チクセントミハイ、今村浩明／訳（2000）楽しみの社会学（改題新装版）、新思策社。

2）　友添秀則（2010）体育科の学習形態論、高橋健夫ら編著：体育科教育学入門、大修館書店。

3）　阪田真己子（2010）、「学び」の認知科学辞典、pp.507-508.

4）　スポーツ庁（2022）令和4年度全国体力・運動能力、運動習慣等調査結果、https://www.mext.go.jp/sports/content/20221215-spt_sseisaku02-000026462_3.pdf（2023年6月3日閲覧）。

第 12 章

教材って具体的にはどうやって開発するの？
— 教材を考える —

1. 多様に存在する体育の教材・教具

【考えてみよう①】
　小学校5年生の器械運動「跳び箱運動」の学習で使う（可能性のある）モノをすべて述べてください。また、そのモノを使う理由も述べてください。

　みなさんが体育で使う教材・教具というとどんなモノを思い浮かべますか？　ボール。跳び箱。マット。サッカーゴール。縄跳び。鉄棒。バット。ビブス…等数えきれないぐらいのモノを思い浮かべると思います。体育という教科は、ある程度の場所やモノがあれば、活動をすることは可能です。

　例えば、跳び箱運動では「踏み切り板」「跳び箱」「マット」が数セットあれば活動することはできます。しかし、意図的ではない教材・教具は体育の学習内容を子どもに身に付けさせることはできなく、一部の子どもしか運動のおもしろさを味わうことはできません。上の問いに対して、「踏み切り時に使うモノは、『踏み切り板』がよいか『ロイター板』がよいか」「安全面を考慮して『滑り止めマット』は？」「第一踏み切りに気付かせるための『ケンステップ』は？」「そもそも跳び箱は何段のモノを？」というように、思いつくだけでも数えきれません。

　そこで、本章では授業づくりに直結する教材・教具をどのように開発し具体的にどのようなモノを授業で使うのかを考えていきたいと思います。

2. 運動を子どもに合わせる

　梅澤（2017）は「伝統的な教師は、種目や技ありきで考えるため、既存の
モノを使用し、そのスポーツや運動に子どもを当てはめようと躍起になりま
す」と指摘しています。すべての子どもを運動の世界に誘い込むためには、誰
にとっても安全で安心なモノの準備が大切です。

　図12-1は跳び箱運動の「台上前転」に取り組む場です。技能が高く、運動
経験が豊富な子どもであれば、木でできている高い跳び箱に向かって力強く踏
み切ってクルッと回ることは容易かもしれません。しかし、運動経験に差異が
ある子どもが協働的に身体を使って学ぶ体育においては、跳び箱を置いただけ
では、すべての子どもが台上前転のクルッと回る楽しさを味わうことができま
せん。また、子どもによっては跳び箱の上で回ることに怖さを感じてしまい、
腕を突っぱねて止まってしまう子もいます。そのようなときは安心できるふ
かふかマットを多用した場が有効です。跳び箱の両端にふかふかマットを重ね
ておくことで、「安心してね。もし横に落ちても大丈夫だよ」とモノが誘発し
てくれます。さらに、跳び箱の上にマットを敷くことで安心感が増します。ま
た、マットを何枚も重ねたモノを用意することも考えられます。

　このような優しくて易しいモノに子どもが出会ったときに「思わずやって
しまいたくなる」ような、「私にもできそうな」ことから学習が始まります。
誰にでも易しく安心できる場を梅澤（2017）は「共感的なモノ」と述べてい
ます。これはすべての子どもを運動世界（コト）に誘うための共感的な環境デ

図 12-1　多様な種類がある台上前転の場

ザインの一部であり、そこから子どもの学びがスタートすることが考えられます。

　しかし、マットを重ねた場を使い続ける必要はありません。子どもの「思い」がより高さのある跳び箱に挑戦したいというようになれば徐々にモノも変化し、子どもが運動の意味を生成しながら、場を創造していけることが大切になるでしょう。このように、子どもを既存の教材や運動に合わせるのではなく、「運動を子どもに合わせる」教材をデザインすることが求められます。

3. 学習内容を「クローズアップ（誇張）」した教材づくり

　体育における教材とは「学習内容を習得するための手段であり、その学習内容の習得をめぐる教授＝学習活動の直接的な対象となるもの」（岩田、2012）と定義され、教材を子どもに習得させたい学習内容と区別して捉えられています。さらに、図12-2が示すように、素材 ― 学習内容 ― 教材 ― 教具 ― 教授行為を一連の教材づくりの視点として示され、「その教材が習得されるべき学習内容を典型的に含みをもっていること（内容的視点）」と「その教材が子どもの主体的な諸条件に適合しており、学習意欲を喚起することができること

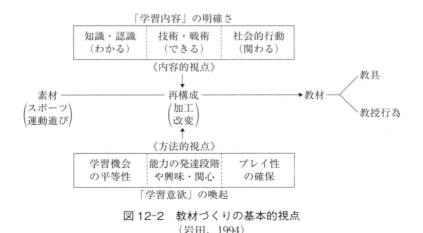

図12-2　教材づくりの基本的視点
（岩田、1994）

（方法的視点）」の 2 点が重要になります。一般的に行われているバスケットボールやサッカー、バレーボールなどの既存のスポーツは「素材」として捉えられ、子どもに味わってほしい運動の特性や学習課題は、「学習内容」になります。そして、その学習内容を習得する手段として「教材」が位置付き、教材の有効性を高める物体化された構成要素といて「教具」があります。

　また、岩田（2016）は Thorpe ら（1986）による「ゲーム修正（modification of games）の論理」から、ゲームの「修正」についての部分がまさに「教材づくり」の原理を指していると述べています。ゲーム修正の理論の「誇張」とは、複雑なゲーム状況の判断を焦点化し、その選択肢を減少させることを通して「課題をクローズアップ」していくことになります。

　このように、その単元の学習内容を明確にして、教材・教具とは何か明らかにし、子どもに探究させたい内容を「クローズアップ（誇張)」することが教材づくりとして求められます。そして、運動のおもしろさをクローズアップした易しくて優しい教材を通して、子どもが運動に夢中になり、「もっとやりたい」「私にもできそうだ」という学習意欲を喚起させることが大切です。

4. 運動のおもしろさから導かれる学習内容

　子どもの内側の思いを大切にして、運動に誘い込むモノを工夫してもそこに学習内容がなくては体育の学習にはなりません。一般的に学習内容と考えている種目や競技は、内容というより活動と捉えられています。そして、それらの活動は、学習材（教材）であって、内容はその学習材（教材）を通して学ばれる「コト」であるといえます（鈴木、2012 ）（図 12-3)。すなわち、学習に参加するにあたって、「学ぼうとすること」と「学んだこと」の 2 つの側面から学習内容を考えていくことが必要であると思います。「学ぼうとすること」とは、問題解決する対象となります。一方、「学んだこと」とは、問題を解決する際に、感じて気づいたことになります（鈴木、2012 ）。

　「感覚的アプローチ」による授業の教材づくり（成家ら、2009）では、子どもにどんな感じを味わわせたいかを出発点としています。従来の教材づくりの

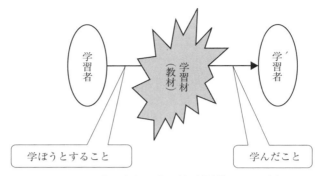

図 12-3　学習内容と学習材（教材）との関係

ように、「どんなこと（技）を身に付けさせたいか」ではなく、子どもがその
運動ならではの動きのおもしろさや心地よさの「感じ」を体感して、「もっと
その感じを味わいたい」と思わせる教材づくりが求められます。

　例えば、跳び箱運動において、子どもが味わってほしい動きの感じを「踏
み切って、身体を投げ出した → ふわっと」「跳び箱の上で回った → くるっと」
「跳び箱に腕支持をして、身体が浮いた → ふわっと」「着地をした→ぴたっと」
の４つとします。これらを子どもに味わってもらいたいときに、共感したモノ
や誇張したモノが教材として有効に働きます（図 12-4）。具体的には、ミニト

図 12-4　感覚的アプローチによる跳び箱運動の学習

ランポリンを踏み切り板やロイター板の代わりに活用した場です。ミニトランポリンを踏み切り時に使うことで「ふわっと」した感じが誇張されて、どの子も動きの感じを味わいやすくなります。

　このように、子どもに味わってほしい動きの「感じ」を中核にして、その「感じ」を味わいやすい教材をつくり、どの子も安心して共感的な場をデザインすることは子どもの学びを支えます。

5.　これからの ICT 利活用

【考えてみよう②】
　あなたは体育の学習で1人1台端末をどのように活用しますか？　活用する場面や意図を明確にして考えましょう。

　2021年4月から本格的に始動した GIGA スクール構想により、体育でも1人1台端末が活用されています。これからの体育を考えていくうえで、ICT の活用は欠かせないものなっています。しかし、鈴木（2016）は、近年の体育での ICT が20年前と変わらない発想で実施されていることに疑問を呈しています。それは、目指す動きの提示や、自己の動きの分析にとどまっていることを問題視しています。すなわち、「動きの獲得」のために ICT 機器を活用するという発想からずっと進んでいないということです。

　鈴木ら（2017）は、時代にあった体育における ICT の利活用場面を、「活動提示場面」「問題解決場面」「評価場面」の表12-1の3つに整理しています。

　タブレットの動画撮影機能を体育で使うときは「いつ：どの場面」「どのように：どこから」「何を：撮影・見る」活用するのかという視点を、子どもと共有することがポイントになります（石井、2019）。

　例えば、「短距離走・リレー」の学習では、「いつ：バトンパスの場面を」「どのように：少し離れたところから」「何を：バトンの渡し手と受け手のスタートのタイミングなどスムーズなバトンの受け渡しができたかどうか」を、子どもがタブレットの動画撮影機能を活用する視点を考えることが重要になり

表 12-1　体育で ICT を利活用したい 3 つの場面

（鈴木ら、2017）

「活動提示場面」…ICT を活用して教師から子どもに直接あるいは間接的に映像などを活用して情報提供をする場面である。
「問題解決場面」…ICT を活用して問題解決に取り組む場面である。評価とセットで行われるが、即時的に活用されるものは問題解決場面として考える。
「　評価場面　」…価値判断を伴う情報収集プロセスである。評価者は教師や子どものみならず、保護者など、すべてのステークホルダーが対象である。

ます。そして、この記録された動画をもとに、グループで「できるだけ減速の少ないバトンパスをするためにはどうすればよいか」を協働的で対話的な学びを通して、課題を解決していきます。

　加えて、ICT をさらに利活用する鍵は LMS（Learning Management System）をいかに有効活用するかです。例えば、LMS の共同学習機能を活用して、1 枚のシートに複数人が同時に書き込むことで、瞬時にグループの意見や動画を集約したり、学習成果物（運動パフォーマンスを撮りためた動画や音声情報）を蓄積したりすることも可能になります。さらには、その蓄積された学習成果物をステークホルダーである保護者と共有することで、多様な視点から子どもに対してアドバイスをすることもできます。

　また、ICT は今まで見えなかった情報を可視化することが可能です。例えば、子ども同士のコミュケーションをウェアラブルセンシングツールを用いて可視化することで、教師と子どもの相互作用を見直すことができます（スポーツ庁、2021）。さらに、子ども全員のふりかえりの記述を ICT を活用して即時的整理・分析することで、子どもの思考内容を把握して教師が評価ができます（世取山・鈴木、2022）（図 12-5）。加えて、ハートレートモニターを装着して、走者の心拍数データをペアのタブレットにリアルタイムに送ることで、無理のない速さで走ることができます（石井・鈴木、2022）（図 12-6）。

　つまり、ICT を利活用することで、今までは見えなかったり、分析することができなかった情報を即時的に可視化してそれを授業改善に生かしたり、子

図12-5　思考内容を即時的に評価

図12-6　心拍数を可視化してペア学習

どものフィードバックに生かしたりすることができます。

　このように、ICTを単に紙の代替手段として使うのではなく、ICTを「コミュニケーションツール」として捉え、ICTを介して子ども同士のコミュニケーションを活発化させてその質を高めることが重要になります。つまり、ICTを教師や子ども、さらにはステークホルダーにとって新しいコミュニケーション手段として使っていくことが鍵になります。

6.　質の高い教材づくりを

　子どもが運動のおもしろさに夢中になるには、教師がいかに教材づくりを工夫するかにかかっています。子ども一人ひとりがその運動を前にして「おもしろそうだな」「なんかやってみたいな」と思わせることから学びはスタートします。しかし、教材や教具づくりはあくまで運動のおもしろさや学習内容に迫るための「手段」です。教材づくりが「目的」になってはいけません。子どもに運動の特性を味わわせたり、学習内容を身に付けたりする「目的」が欠落してしまったときに「活動あって学びなし」という体育にありがちな落とし穴に陥ってしまいます。

　佐藤（2000）は「『学び』とは、モノ（対象世界）との出会いと対話による〈世界づくり〉と、他者との出会いと対話による〈仲間づくり〉と、自分自身との出会いと対話による〈自分づくり〉とが三位一体となって遂行される『意味と関係の編み直し』の永続的な過程」と述べています。子ども一人ひとりが

そのモノとの出会いで運動を誘い、運動から誘われることから学びはスタートします。そしてそのモノ（教材）をどのようにデザインするかは授業づくりに直結します。

　巻末資料において、各領域の教材を紹介しています。その領域の特性や子どもの実態に合わせて、工夫された教材ばかりです。ぜひ、授業づくりの参考にしてください。

【学習を振り返って深めよう！！】
　あなたが受けた体育の授業で印象に残っている教材（運動ではありません）について思い出し、なぜそれが印象に残っているのかを考え、これからの体育における教材づくりについて話し合いましょう。

《もっと学びたい人の為の参考文献！》
1）　岩田靖（2012）体育の教材を創る、大修館書店
2）　梅澤秋久（2017）体育における「学び合い」の理論と実践、大修館書店

参考文献
1）　石井幸司・鈴木直樹（2022）「真正のマイペース」を発見！！～ Polar beet と Excel を活用した持久走の実践～、楽しい体育の授業 35（5）、明治図書、pp.58-59.
2）　岩田靖（1994）教材づくりの意義と方法、髙橋健夫編、体育の授業をつくる、大修館書店、pp.26-34.
3）　岩田靖（2012）体育の教材を創る、大修館書店。
4）　岩田靖（2016）ボール運動の教材を創る、大修館書店。
5）　梅澤明久（2017）体育における「学び合い」の理論と実践、大修館書店。
6）　佐藤学（2010）「学び」から逃走する子どもたち、岩波ブックレット。
7）　スポーツ庁（2022）児童生徒の1人1台のICT端末を活用した体育・保健体育授業の事例集。
8）　鈴木直樹（2016）次世代における体育のICT活用。
9）　鈴木直樹・大熊誠二・石塚論他（2017）体育におけるICTの利用ガイド。
10）　細江文利・鈴木直樹・成家篤史他（2012）動きの「感じ」と「気づき」を大切にした陸上運動の授業づくり、教育出版。

11)　成家篤史・鈴木直樹・寺坂民明（2009）「感覚的アプローチ」に基づく跳び箱運動における学習の発展様相に関する 研究、埼玉大学教育学部紀要 5（2）、pp.55-67.

12)　世取山拓平・鈴木直樹（2022）一人ひとりの考えを大切にした話し合い場面を実現する AI の活用〜 Kahoot の利用を通して〜、楽しい体育の授業 35（9）、明治図書、pp.58-59.

第 **13** 章

学習指導案はどうやって作成するの？
— 作成と実際 —

1. そもそも「学習指導案」とは何か？

　学習指導案は、授業を展開していく時に必要となるものですが、そもそも授業という教育活動は何のために展開されるのかを紐解いてみたいと思います。まずは、教育についてですが、教育基本法（文部科学省、2006）には「人格の完成を目指し、平和で民主的な国家及び社会の形成者として必要な資質を備えた心身ともに健康な国民の育成を期す」と定められており、そのことを目的として教育活動が展開されていきます。そして、この教育基本法を受けて日本全国に設置された各学校における教育課程が設定されていくのです。この枠組みを担保していくものとして、「教育課程の基準を大綱的に定めたもの」として学習指導要領が設定されますが、学習指導要領の役割は次のように示されています（文部科学省、2017）。

　学習指導要領が果たす役割の一つは、公の性質を有する学校における教育水準を全国的に確保することである。また、各学校がその特色を生かして創意工夫を重ね、長年にわたり積み重ねられてきた教育実践や学術研究の蓄積を生かしながら、児童や地域の現状や課題を捉え、家庭や地域社会と協力して、学習指導要領を踏まえた教育活動の更なる充実を図っていくことも重要である。

　ここに示されている通り、各学校は「学習指導要領」、そして学習指導要領

を各領域や教科ごとに解説された「学習指導要領解説」を拠り所にして教育課程を編成していくのです。そして、各学校においては、各先生が目の前の子どもたちの状況を適切に見取った上で展開される具体物として授業が設定され、日々一時間一時間大切に実践されているのです。さらに、その教育水準は、全国どの地域に在籍していても確保されなければなりませんから、各学校は丁寧に教育課程を編成し、先生方は日々の授業をますます充実させていく努力義務があるのです。となると、ここまでの整理から、授業を構成する学習指導案の重要性は理解いただけたと考えます。その上で、次の【考えてみよう①】に取り組んでみましょう。

【考えてみよう①】
　ある時間に、子どもたちが校庭で元気いっぱいに活動しています。うんていで遊んでいる子ども、かけっこをしている子ども、一輪車で遊んでいる子どもたちなど、さまざまな遊びに興じています。男の子も女の子もみんな一緒になって遊び、たくさん汗をかきながら、息を弾ませて笑顔で活動しています。さて、この時間は何の時間でしょうか？
　その答えと、なぜそう思うのかの理由について「具体的」に答えてください。なるべく具体的に理由付けができるように取り組んでみましょう。

　学習指導案には、授業を展開していく上で必要な事項が組み込まれています。いわば、授業における「設計図」のようなものです。いろいろな体育の授業を展開していく際、学習内容が設定されていない状態で授業に臨んだとしたらどのような状況になるでしょうか？　そこで生まれるものは、学習とは言えず、ただ体を動かして楽しいというような場面になってしまうでしょう。

　【考えてみよう①】で示されている時間では、子どもたちは自分たちの好きなように体を動かして楽しんでいるのかもしれません。そこでは、体を動かすことから得るものはあるかもしれませんが、教師からの意図的な働きかけや指導、計画的な学習活動が無いわけですから、そこには教育活動として考えられる意図的・計画的な学びが発生しにくい状況になっているといえるでしょう。したがって、【考えてみよう①】の時間は、休み時間であると言えるでしょ

う。

　元気に体を動かす時間は望ましいことですし、子ども自身が体を動かすことが楽しいと感じることは大切だと考えます。また、学習指導要領にあるように、「生涯にわたって運動に親しむ」という視点で見た時には、休み時間に自分から体を動かして遊ぶ行為は、体育の授業を通して、子どもたちに育んでもらいたい資質能力であるとも言えるでしょう。

　しかし、子どもたちが楽しく体を動かしていればよい、ということのみに囚われてしまった時、「体育の授業」と「休み時間」との違いは一体どこにできるのでしょう？　言い換えると、そこに違いがないのであれば「体育の授業」は学校教育に必要無くなってしまうでしょう。体育という授業に関わる時、われわれは大いにこの点を検討しなければならないのです。

　一方で、子どもたちにとって運動における楽しさがなく、無理矢理に体を動かされ続ける「体育の時間」にはどんな教育的な価値があるでしょう。本書でも触れてきましたが、いやいや運動をさせて新体力テストの数値向上をねらうことが体育の授業において大切なのでしょうか？　体育嫌いの子どもたちを作ることが学校教育における教科体育に課せられた使命なのでしょうか？　答えは言わずもがなですが、その答えを探していくためにも、われわれは体育に与えられた使命を常に意識しながら学習指導に臨む必要があるのです。それは、教師からの一方向的な指導によって規律的に形作られた体育の授業「らしい」ものに意味や価値があるのではなく、子どもたちと教師の双方向的なやり取りを通じて、子どもたちにとって有益な学びを構築していくことであると考えます。

　だからこそ、教師という教育のプロとしての高い専門性を生かした、子どもたちへの適切な見取りや指導、支援が大切になるのです。運動の仕方や運動の楽しさを熟知している教師だからこそ、運動の楽しさを一方向的に押し付けるのではなく、子どもたちが自ら運動に取り組むような学習指導を展開していけると考えます。

　そして、そこで必要になってくるものが、教師が子どもたちの実態に即して考案した意図的・計画的な教育の計画である「学習指導案」になるのです。

子どもたちの実態をしっかりと見取った教師の想いを描いた学習指導案の作成を目指していきましょう。

2. 学習指導案を作成する準備

　それでは、実際の「学習指導案」と呼ばれる様式などは、どのようになっているのかを整理していきます。実は、文部科学省としても均一な様式としては設定されていないことが現状です（まったく示されていない訳ではなく、学習指導案や例示は多数示されています。文部科学省関係の HP 上にも、いろいろな様式集や、いわゆる手引書と言われるようなものはたくさん示されており、体育の授業づくりにおいての一助になっておりますので、大いに活用できる状況になっています）。

　では、実際にどうやって調べ、どのような様式に則って作成するのかという点です。とくに、新任の先生や学生の皆さんは、不安になる部分も多くあると思いますが、実は具体的な学習指導案は、すぐに閲覧したり活用したりすることができるのです。各都道府県の教育委員会や、民間の教育研究団体の HP 等に、多くの学習指導案データベースが設けられています。そこには、ほぼすべての教科領域の学習指導案が網羅されており、それを自由に閲覧、活用できるようになっていることが多いです。実際の授業設計に向けて、活用する機会は多くありますし、学習指導案作りの際の重要な手掛かりを提示してくれるでしょう。

3. 学習指導案の作成にあたって

（1）今、目の前にいる子どもたちのための学習指導案

　それでは、実際に子どもたちの笑顔あふれる「体育の時間」を生み出すためには、具体的には何が必要になるのでしょうか？　細江（1999）は、子どもと教師が授業を作っていく時の留意すべき点について「子どもが心を開くには、まずは教師が子どもに対して心を開かねばならない」と述べています。さらに

「教師が子どもの興味・関心に目を向け、『子どもは何を考えているのか、どう感じ取っているのか』など子どもの論理で子どもを理解することが必要のようである」と述べており、教師自身が「子どもの目線」になって、運動を考えることの重要性を示唆しています。

　それでは、作成にあたって何を意識していくかですが、それは、端的に述べると「授業で子どもがどう学んでいくか」というイメージだと考えます。先述したように、各都道府県などの教育委員会等の HP には、たくさんの学習指導案のデータベースが存在しています。しかし、目の前の子どもたちとともに授業を展開する際に、そのデータベースをそのまま活用することはまったくの勘違いです。やはり、目の前の子どもたちの状況をしっかりと見取った学習指導案の作成が大切になるのです。一方、子どもたちの状況を見取ってしまえば大丈夫とか、子どもたちが楽しければ何でもよいとか、そういう訳ではありません。

　先述したデータベースの学習指導案は、その時代の学習指導要領に沿った形式や地域の特徴に則ったもの、また、その年の研究テーマに沿った内容である等、その形式は一つではありません。だからこそ、この単元や一時間では、どのような学習内容があり、そのためにも○○のような学習活動を行い、評価活動はこの観点で見取る、という「具体的なビジョン」が必要になり、学習指導案を作成する際には、授業における具体的なビジョンをしっかりと見据えながら作成に臨む必要があるのです。さらに、子どもたちの状況に寄り添いつつ、ビジョンを繰り返し修正しながら、学習指導案へ反映させていくことも大切な作業となるのです。

（2）　学習指導案には何を記載するべきか！？

　作成する学習指導案は、目の前の子どもたちをより充実した体育という学びの旅へ誘うための旅の計画書として考えられます。表 13-1 は、実際の学習指導案に入れることが多い項目とその意味等についてです。参考にしながら、目の前の子どもたちの体育の学びが充実するような学習指導案の作成を目指しましょう。

表 13-1　学習指導案に組み込まれることの多い項目

項　目	意味・用途
単元名	学習指導要領の内容、領域の名称を使うことが多いです。
単元の目標	学習指導要領に示されている目標（知識及び技能、思考力・判断力・表現力等、学びに向かう力、人間性等の3観点を示します）を引用することが一般的です。これは、全国どの地域においても、一定の教育水準を担保するためです。 　具体的な各学校や地域等の研究テーマや主題に沿って、工夫される場合もあります。単元における主張を明確に記載します。
単元の評価規準	平成29年度告示の学習指導要領では、単元の評価基準として、次の3観点で評価規準を設定します。 　・「知識・技能」 　・「思考・判断・表現」 　・「主体的に学習に取り組む態度」
指導観	「単元観」や「教材観」「児童観」などで、構成されます。「児童観」は児童の実態に記載されることもあります。 　「指導観」は、単元における指導の工夫や授業がどのように展開されるのかと等を具体的に記載します。
児童の実態	学習過程における児童の実態を記述します。児童の実態を捉えること（レディネス）は、授業づくりでは必須です。
指導計画	単元が何時間計画で行われるのかが示されます。学習内容、学習活動、教師の支援・指導、評価活動等が示され、単元の学習がどのように進められるのかが記載されます。
本時案	研究発表や授業提案等で実施される本時の展開が示されます。本時の展開を見れば、その一時間の授業のすべてが理解できるように作成することが望ましいです。その一時間の様子を「はじめ」「なか」「まとめ」に分し、学習指導、学習活動、予想される姿、評価活動の様子等を詳述します。
学習カード、板書計画等の資料	単元で使用する学習カード等を添付すると、子どもたちがどのような活動を展開していくのかが分かります。

【考えてみよう②】
　表13-1で挙げた学習指導案作成の項目では「児童の実態」が大切だと言われることが多いのですが、それは何故でしょうか？　また、「児童の実態」には、どのような内容を記述していくべきなのかを考えてみましょう。運動領域を一つ選択、想定して、学習指導案における「児童の実態」を検討してみましょう。

田村（2015）は

　　　協同して学習活動に取り組むことが、子どもの問題の解決や探究活動を持続させ繰り返させると共に、一人一人の子どもたちの考えを深め、自らの学習に対する自信と自らの考えに対する確信を持たせることにもつながる。学級集団や学年集団を生かすことで、個の学習と集団の学習が互いに響き合うことに十分配慮し、質の高い学習を成立させることが求められる。

と述べ、その実現のために「暗記・精製型の授業」から「思考・発信型の授業」へと教授法の転換を図っていくことの重要性を示唆しています。例えば、効率重視の一斉指導は、技能を身につけさせる点では、部分的には効果が見られる指導かもしれません。しかしながら、現在求められている生涯スポーツにつなぐ視点に立った時、運動を「やらされた感」が残るだけの授業では、その視点の育成は期待できません。
　つまり、【考えてみよう②】では、「運動が好き」とか「元気が良い」という記述をするのではなく、例えば、前学年での学びの様子や、その運動領域における学習履歴などを詳述する必要があり、これから展開される授業で、どのような指導が展開されていくのかを検討する部分でもあるのです。「いま — ここ」の子どもたちの状況を適切に見取り、子どもの実態に即した学習指導案を作成して、授業を展開していくようにしましょう。

（3）　学習指導案をバージョンアップさせる！ ―学習指導要領の改訂から―

　私たち教師が指導場面において指標とする学習指導要領は、約10年に一度改定されます。平成29年度告示の学習指導要領では、図13-1のように、観点別学習状況の評価観点において変更がありました。その変更点には、育成すべき資質・能力を視野に入れて、学習評価についての観点が従来の観点から整理されています。記載されているように、学習指導と学習評価のPDCAサイクルを大切にして、「指導と評価の一体化」を行っていきましょう。その視点をいかしながら、学習指導案の充実を図っていく必要があります。

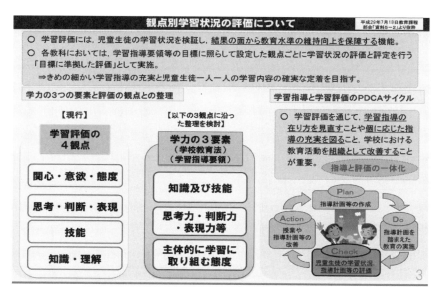

図13-1　観点別学習状況の評価について
（平成29年7月18日教育課程部会より抜粋）

4. 子どもたちが明るく元気に学ぶための学習指導に向けて

　授業では、子どもたち自身が「今日の体育で、こんなことをやるんだ!!」や「こんなことを楽しみたい!!」というめあてや願いを持つことができるように計画すべきです。そして、このことが、求められている主体的な学びを展開していくための手掛かりになるのです。

　佐藤（2009）は、教師のポジションの重要性について「例えば、優れた教師は教室のどの位置にいても、絶えず一人ひとりの子どもと繋がっており、場面場面によって最も適切な位置に身を置いて子どもとの関わりを築いている。子どもの発言を聞くときも、ある子どもには接近して聴き、ある子どもには距離を置いて聴いている。その距離の取り方が、それぞれの子どもに応じて遠からず近からずで、的確なのである」と述べています。このことから、学習指導案の作成においては、子どもたちを見取る的確な教師の立ち位置が重要となることが理解できます。

　また、教師たちが「職人気質」として「子ども一人ひとりの尊厳を大切にする」「教材の可能性と発展性を大切にする」「教師としての自らの哲学を大切にする」という３つの規範を持ち、３つすべてを大切にすることが肝要であると述べています。そして、「子どもを無視して教材だけを大切にする教師、教材を無視して子どもだけを大切にする教師、子どもや教材を無視して自分の哲学に固執する教師、それらは『職人』としても『専門家』としても著しく教師としての資質を欠いていると言うべきだろう」という言葉からは、教師という職業についての強い使命感が伺えます。

　ここからも、学習指導案作りの中で大切なことが見えてきますが、この２つ目に挙げられている「教材の可能性と発展性を大切にする」ということは大いに検討するべきものです。なぜなら、教材を吟味、整理して作成されるものが学習指導案だからです。子どもたちのより良い学びを保証するためには、十二分に教材を吟味し続けることが重要な意味を持つのです。

　本章では、「学習指導案」について展開してきました。研究会等で授業公開

をする際には、学習指導案を作成し配布することが一般的ですし、教育現場では学習指導案を見て、その授業の様子が分かるものが良い学習指導案だと言われます。教材研究をはじめとした事前準備を万端にし、子どもたちが生き生きと学習活動に取り組んでいる姿を想起できるような学習指導案の作成を目指しましょう。

【考えるためのタネ】

　学習指導案は均一形式ではありません。だからこそ、授業者が学習指導案の中で、この授業「単元」では「どのような子どもたちが」「どのような学習内容で」「どのような教材や教具を用いて」「どのような学習活動を進めて」「どのような指導と支援を行い」「どのような評価活動を実施する」という数多の視点を示すことが重要なのです。展開する授業について、上記のような視点を鑑みながら、実際の学習指導案を作成してみましょう。

《栄養となる書籍》

・松田恵示・山本俊彦編著（2001）、「かかわり」を大切にした小学校体育の365日、教育出版
・鈴木直樹・成家篤史・石塚諭・阿部隆行編著（2017）、子どもの未来を創造する体育の「主体的・対話的で深い学び」、創文企画
・鈴木直樹編著（2022）、学びの系統がまるわかり！「ゲーム・ボール運動・球技」授業づくりマスターガイド、明治図書

引用参考文献

1)　細江文利（1999）、子どもの心を開くこれからの体育授業、大修館書店、p.8.
2)　文部科学省（2006）、教育基本法。
3)　文部科学省（2017）、小学校学習指導要領（平成29年告示）解説 体育編、東洋館出版社。
4)　文部科学省HP、観点別学習状況の評価について（平成29年7月18日教育課程部会資料5-2）。
5)　佐藤　学（2009）、教師花伝書─専門家として成長するために─、小学館、p.35、pp.55-56.
6)　田村　学（2015）、授業を磨く、東洋館出版社、pp.38-39.
7)　文部科学省HP、学習評価に関する資料、平成30年10月1日、教育課程部会　資料1-3.

指導案例 1

| 体育 | 第５学年 | 令和４年○月○日（○） | 廿日市市立宮園小学校　松田綾子 |

| 単元名 | 「チームワークでパス！　パス！　ゴール！」
ゴール型ゲーム・バスケットボール |

| 本単元で強調して育成したい資質・能力 | 思考力・判断力・表現力 |

1　運動の特性

【一般的特性】

・２つのチームが入り交じり、チーム内の攻防の役割を分担しながら、パスやドリブルを使ってボールを運び、シュートして得点を競い合うことの楽しさや喜びを味わう運動である。

【児童から見た特性】

・味方にパスをしたり、ドリブルで突破したり、パスを受けてシュートしたりすることを通じて得点につながった時や、チームで考えた作戦をもとに相手チームに勝った時に、楽しさや喜びを味わうことができる運動である。

2　単元の目標

・バスケットボールの行い方を理解するとともにボール操作とボールを持たないときの動きによって、簡易化されたゲームをすることができるようにする。【知識及び技能】

・ゲームの状況に応じて、自分がどのように動いたり、仲間をサポートしたりすることができるか考え、ゲーム状況の「どこをどのように見ればよいか」を判断し、自己やチームの課題やゲームを通して得た気づきを表現できるようにする。【思考力・判断力・表現力等】

・簡易化されたゲームに進んで取り組み、ルールを守り助け合って運動をしたり、ゲームを通して見付けた動きのよさや課題を伝え合う際に友だちの考えを認めたりすることができるようにする。【学びに向かう力・人間性等】

3　単元の評価規準

知識・技能	思考・判断・表現	主体的に学習に取り組む態度
①バスケットボールのルールを理解している。 ②味方にパスを出したり、シュートしたりするなどのボール操作とボールを持たない動きについて理解しているとともにそれを行うことができる。 ③ボール保持者と自分との間に守備者が入らないようにするためにはどのように動けばいいのかを理解し、ゲームの中で実際に移動することができる。	①ゲームの状況に応じて、自分がどのように動いたり、仲間をサポートしたりすることができるか考え自己の役割に気づくことができる。 ②ゲーム状況の「どこをどのように見ればよいか」を判断し、自己やチームの課題やゲームを通して得た気づきを表現することができる。	①進んで運動やバスケットボールのゲームに取り組もうとしている。 ②規則を守って誰とでも仲良く運動をしたり、ゲームを通して見付けた動きのよさや課題を伝え合う際に友だちの考えを認めたりしている。

4　指導と評価の計画（体育　全6時間）

時間		1	2	3	4	5	6
過程		つかむ	挑戦するⅠ		挑戦するⅡ		確かめる
段階		オリエンテーション	役割を意識してゲームを楽しもう		個々の役割を意識してゲームに貢献しよう		バスケットボール大会をしよう
学習の流れ	0	学習の進め方を確認しよう。	ウォームアップゲームをする。 本時のめあてをつかむ。場の準備をする。				
	10	ボールで遊ぼう。 ・一人で ・友だちと ・グループで	ゲーム（2分半×3セット）をしよう。ゲームの様子をタブレットで撮影し、気づきを伝え合おう。				チームのめあてを確認し、伝え合おう。
	20	活動の見通しをもとう。	ゲームをもとに本時のめあてについてミニ振り返りをし、チームの課題を見付け、アップロードしよう。				バスケットボール大会を楽しもう。
			見付けた課題を克服するためのミニゲーム（2分×3セット）をしよう。ゲームとミニゲームを比べて気づきを伝え合おう。				

	30 / 40				
	簡素化されたゴール型ゲームにチャレンジしてルールを知ろう。	本時の活動を振り返り、次の時間のゲームのめあてについて話し合おう。感想をタブレットに残したり、振り返りカードにまとめたりしよう。			単元全体を振り返ろう。
45	場の片付けをする。				
知識及び技能		①		②	③
思考力・判断力・表現力等		①		②	
学びに向かう力・人間性等	①				②
評価方法	観察 タブレット	タブレット		タブレット	観察 タブレット

5 本時案について（第1、2・3、6時）

【第1時の展開】

本時の目標
・学習の進め方を知り、簡素化されたゴール型ゲームに進んで取り組もうとしている。 【主体的に学習に取り組む態度】

	学習活動（時間）	◇指導上の留意点 ◆主体的な学びを促す教師の手立て ☆配慮が必要な児童への手立て	評価規準 （評価方法）
課題の設定 情報の収集	1 ウォームアップ・ゲームをする。 （5分） 2 本時の学習の流れを知るとともに、本時のねらいをつかむ。（3分）	◇短時間でテンポよく鬼遊びを行う。 　児童の心拍数をあげ、主運動の準備をさせる。 ☆短い時間で鬼を交代する。 ◇ホワイトボードに本時の学習の流れを提示し、共通理解を図る。 ㋱　ゲームを通して、バスケットボールのルールを理解することができる。	

	学習活動（時間）	◇指導上の留意点 ◆主体的な学びを促す教師の手立て ☆配慮が必要な児童への手立て	評価規準 （評価方法）
整理・分析	3　オリエンテーションをする。 （7分）	◇電子黒板に学習の進め方やタブレットの使い方を提示し、視覚的に捉えやすくする。 ◇ゲームの動画を視聴し、大まかな内容をつかませる。 ☆動画はいつでも視聴できるようにしておく。	
	4　ゲーム1を行う。 3分×3セット（10分）	◇生活班（4人）でチームをつくる。	
	5　ゲーム1を振り返る。（5分）	◆ゲームを通して困ったことや気づいたことを交流し、全体で基本的なルールやきまりについて確認する。 ◇ゲーム1を振り返り、ゲーム2のめあてを設定する。	
まとめ	6　ゲーム2を行う。 2分×3セット（8分）	◆子どもの思考をゆさぶる発問をしたり、課題提示をしたりする。	【主体的に学習に取り組む態度】 ・学習の進め方を知り、簡素化されたゴール型ゲームに進んで取り組もうとしている（観察・タブレット）。
振り返り	7　本時の学びを振り返る。（5分）	◇タブレットを使って振り返りをさせる。（1人20秒で表現したことを動画で撮影し保存する。）	
	8　場の片付けをする。（2分）	◇安全に気をつけ、仲間と協力して片付ける。	

【第2時・第3時の展開】

第2時の目標：ゲームを通してバスケットボールのルールを理解することができる。【知識・技能】
第3時の目標：ゲームの状況に応じて、自分がどのように動いたり、仲間をサポートしたりすることができるか考え自己の役割に気づくことができる。　　【思考・判断・表現】

	学習活動（時間）	◇指導上の留意点 ◆主体的な学びを促す教師の手立て ☆配慮が必要な児童への手立て	評価規準 （評価方法）
課題の設定	1　ウォームアップ・ゲームをする。 （5分）	第1時と同様	
	2　前時に設定した本時のめあてについて確認する。 （5分）	め　個々の役割を意識して、ゲームを楽しむことができる。	

情報の収集	3　ゲーム1を行う。 2分半×3セット(10分)	◇チームの様子をタブレットで撮影させる。 ◆20秒ごとに撮影し、撮影者は以下の観点で映像を保存する。 【保存の視点】 課題解決に向けてふさわしい、振り返るべき内容の映像：「4」 「4」に準じる内容の映像：「3」 上記以外の映像：「保存しない」	
整理・分析	4　ゲーム1を振り返る。　　(5分)	☆コート内でどのように動いたらよいか判断することが難しい児童には、ボール運びがよく見える場所や得点しやすい場所に移動するよう声をかける。 ☆ボールを持った時、どのように動くのか判断することが難しい児童には、近くにいるフリーの味方にパスを出すよう声をかける。 ◇活動1を振り返り、タブレットのホワイトボード機能を使って、本時のチームのめあてをもとに話し合う。 ☆「4」の映像を一緒に見て、めあてにつながる気づきを促す発問をする。 ◆めあてに対しての評価（できた：赤、もう少し：緑で線を引く）をさせる。設定しためあてが達成できたと判断したチームは、新しいめあてを設定する。 ◆ミニ振り返りで整理したことを生かして、活動2につなげる。	【知識・技能】 　　　　　(第2時) ・ゲームを通してバスケットボールのルールを理解することができる。 （観察・タブレット） 【思考・判断・表現】 　　　　　(第3時) ・ゲームの状況に応じて、自分がどのように動いたり、仲間をサポートしたりすることができるか考え、ゲーム状況の「どこをどのように見ればよいか」を判断し、自己やチームの課題やゲームを通して得た気づきを表現している。 （観察・タブレット）
まとめ	5　ゲーム2を行う。 2分×3セット(8分)	◇活動1と活動2における自分たちのチームの動きの変化を比べることができるように、同じ位置から撮影させる。	
振り返り	6　本時の学びを振り返る。　　(10分)	第1時と同様	
	7　片付け　　(2分)	◇安全に気をつけ、仲間と協力して片付ける。	

【第6時の展開】

本時の目標：規則を守って誰とでも仲良く運動をしたり、ゲームを通して見付けた動きのよさや課題を伝え合う際に友だちの考えを認めたりしている。

【主体的に学習に取り組む態度】

	学習活動（時間）	◇指導上の留意点 ◆主体的な学びを促す教師の手立て ☆配慮が必要な児童への手立て	評価規準 （評価方法）
課題の設定	1 ウォームアップ・ゲームをする。 （3分）	◇短時間でテンポよく鬼遊びを行う。 　児童の心拍数をあげ、主運動の準備をさせる。 ☆短い時間で鬼を交代する。	
情報の収集	2 前時に設定した本時のめあてを確認する。　（2分）	◇集合・身支度をさせ、これまでの活動をもとに設定した本時のチームのめあてをタブレットのホワイトボード機能を使って共有する。	
		㋫ 学びを生かし、チームでバスケットボール大会を楽しむことができる。	
整理・分析	3 ゲーム1を行う。 （4分×3セット） （15分）	◇チームの様子をタブレットで撮影させる。 ◆チームへの貢献場面を20秒ごとに撮影し、撮影者は以下の観点で映像を保存する。 【保存の視点】 ミニ振り返りで交流したい内容の映像：「4」 上記以外の映像：「保存しない」	【主体的に学習に取り組む態度】 ・規則を守って誰とでも仲良く運動をしたり、ゲームを通して見付けた動きのよさや課題を伝え合う際に友だちの考えを認めたりしている。 （観察・タブレット・体育日記）
	4 ゲーム1を振り返る。　（3分）	◇タブレットのホワイトボード機能を使って、チームのめあてをもとに話し合う。 ☆「4」の映像を見て、仲間のよさを認め合う。	
まとめ	5 ゲーム2を行う。 （3分×3セット） （10分）	◇活動1と活動2における自分たちのチームの動きの変化を比べることができるように、同じ位置から撮影させる。	
振り返り	6 本時の学びを振り返る。　（10分）	◆タブレットの比べる機能を使い、「活動1、2」を同時視聴し、気づきを伝え合う ◇本単元で学んだことをもとに、自己の学びについて振り返り、仲間と共有する（宿題で体育日記に書かせる）。	
	7 片付け　（2分）	◇安全に気をつけ、仲間と協力して片付ける。	

指導案例２

| 体育科学習指導案 | 令和４年○月○日（○） |

第５学年　ボール運動　ゴール型
「バスケットボール」

５年２組　児童数30名

札幌市立伏見小学校　教諭　村上　雅之

1　単元の構造について

時間	1	2	3
目標	バスケットボールの学習の見通しをもつことができるようにする。	ゲームを行い、ルールを理解することができるようにする。	自分たちのチームの特徴を確認することができるようにする。
学習の流れ	●準備活動 ・整列、集合、健康観察 ・準備運動 ●単元の学習内容の確認 バスケットボールをしよう。 ———————— ・学習の過程 ・準備や片付けの仕方 ●ルールの確認 ・5対5（攻撃3人、守備2人）でゲームを行う。 ・セーフティーエリアエリアからの得点は2点、そのほかは3点。 ・セーフティーエリアでパスを受ければ、エリアの中から守備に邪魔をされずにシュートが打てる。	●準備活動 ・整列、集合、健康観察 ・準備運動（シュート・パス練習） ●本時の学習内容の確認 ———————— ゲームを通してルールを覚えよう。 ———————— ●ゲーム ・5分ゲームを行う。 ・ゲームの中でルールを覚えることができるように、教師は助言を行いながら審判をする。	●準備活動 ・整列、集合、健康観察 ・準備運動 ●前時の振り返り 自分たちのチームの課題を見付けよう。 ———————— ●得点を取りやすい場所（スペース）やボールを持たない人の動きの重要性 ・「スペース」をコートで動きながら確かめたり、ボールを持たない人の動き共通理解したりする場を設定し、グループでの話し合いが円滑にできるようにする。

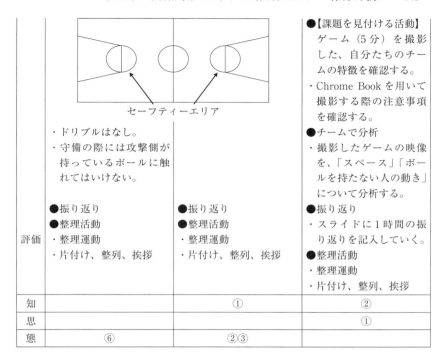

セーフティーエリア

評価	・ドリブルはなし。 ・守備の際には攻撃側が 　持っているボールに触 　れてはいけない。 ●振り返り ●整理活動 ・整理運動 ・片付け、整列、挨拶	●振り返り ●整理活動 ・整理運動 ・片付け、整列、挨拶	●【課題を見付ける活動】 　ゲーム（5分）を撮影 　した、自分たちのチー 　ムの特徴を確認する。 ・Chrome Book を用いて 　撮影する際の注意事項 　を確認する。 ●チームで分析 ・撮影したゲームの映像 　を、「スペース」「ボー 　ルを持たない人の動き」 　について分析する。 ●振り返り ・スライドに1時間の振 　り返りを記入していく。 ●整理活動 ・整理運動 ・片付け、整列、挨拶
知		①	②
思			①
態	⑥	②③	

時間	4	5	6
目標	味方が受けやすいよう にボールをつなぐことに ついて考えたことを他者 に伝えることができるよ うにする。	得点しやすい場所に移 動するためにボール保持 者とボールを持っていな い人の役割を踏まえた作 戦を選ぶことができるよ うにする。	ボール操作とボール を持たないときの動きに よって、勝敗を受け入れ ながら総当たり戦を多な うことができるようにす る。
学習の流れ	●準備活動 ・整列、集合、健康観察 ・準備運動 ●本時の学習内容を確認 ゲームを通してチームの 　課題を見付けよう。	●準備活動 ・整列、集合、健康観察 ・準備運動 ●本時の学習内容を確認 自分たちのチームの特徴 に応じた作戦を選ぼう。	●準備活動 ・整列、集合、健康観察 ・準備運動 ●本時の学習内容を確認 バスケットボール 　大会をしよう。

●気付きを共有
C スペースがあるのに気
づかないでパスをして
取られてしまった。
C ボールを持っていない
人が動かないのでなか
なかパスを出せなかっ
た。

●【課題を見付ける活動】
ゲーム（5分ゲーム）
を撮影した、自分たち
のチームの特徴を確認
する。

> ボールを持っていない人は
> どうやって動くといいかな。

●ゲーム（5分）

●分析

●チームで練習

●ゲーム（5分）

●振り返り
・スライドに1時間の振
り返りを記入していく。
●整理活動
・整理運動
・片付け、整列、挨拶

●ゲームと練習、分析を
繰り返して自分たちの
チームの特徴に応じた
作戦を選ぶことができ
るようにする。

	ゲーム （Bコート）	練習 （Aコート）	分析 （ステージ）
①	A 対 B	C と D	E と F
②	C 対 D	E と F	A と B
③	E 対 F	A と B	C と D
④	A 対 D	C と F	E と B
⑤	C 対 F	E と B	A と D
⑥	E 対 B	A と D	C と F

●振り返り
・スライドに1時間の振
り返りを記入していく。
●整理活動
・整理運動
・片付け、整列、挨拶

●大会を行う。
。

●結果発表

●振り返り
・スライドに単元の振り
返りを記入していく．
●整理活動
・整理運動
・片付け、整列、挨拶

評価			
知			③
思	③	②	
態	⑤		①④

2　単元について

　ボール運動ゴール型は、ルールや作戦を工夫し、集団対集団の攻防によって仲間と力を合わせて競争する楽しさや喜びを味わうことができる運動である。互いに協力し、役割を分担して練習を行い、ボール操作とボールを持たないときの動きを身に付けてゲームをしたり、ルールや学習の場を工夫したりすることが学習の中心となる。本単元では、攻撃側3人、守備側2人のアウトナンバーゲームを採用している。さらに、相手陣のコートの中央にディフェンスが入ることができないセーフティーエリアを設置することで、シュートチャンスを創り出すことができるようにした。

3　単元の目標

知識及び技能	セーフティーエリア・バスケットボールの行い方を理解するとともに、ボール操作とボールを持たないときの動きによって、簡易化されたゲームをすることができるようにする。
思考力、判断力、表現力等	自己やチームの特徴に応じた作戦を選んだりするとともに、自己や仲間の考えたことを他者に伝えることができるようにする。
学びに向かう力、人間性等	運動に積極的に取り組み、ルールを守り助け合って運動をしたり、勝敗を受け入れたり、仲間の考えや取組を認めたり、場や用具の安全 に気を配ったりすることができるようにする。

4　単元の評価規準

知識・技能	思考・判断・表現	主体的に学習に取り組む態度
①セーフティーエリア・バスケットボールの行い方について、言ったり書いたりしている。 ②ボール保持者と自己の間に守備者が入らないように移動することが	①自己やチームの特徴を確認して作戦を選んでいる。 ②ボール保持者とボールを持っていない人の役割を踏まえた作戦を選んでいる。	①ゲームや練習に積極的に取り組もうとしている。 ②ルールやマナーを守り、仲間と助け合おうとしている。 ③ゲームを行う場の設定や用具の片付けなどで、分担された役割を果たそうとしている。

できる。 ③得点しやすい場所に移動し、パスを受けてシュートなどをすることができる。	③味方が受けやすいようにボールをつなぐことについて考えたことを他者に伝えている。	④ゲームの勝敗を受け入れようとしている。 ⑤ゲームや練習の中で互いの動きを見合ったり、話し合ったりする際に、仲間の考えや取組を認めようとしている。 ⑥ゲームや練習の際に、使用する用具などを片付けたり場の整備をしたりするとともに、用具の安全に気を配っている。

5　本時の目標

味方が受けやすいようにボールをつなぐことについて考えたことを他者に伝えることができるようにする。（思考力・判断力・表現力等）

6　本時の展開

子どもの思考の流れ	教師の関わり
●準備活動 ・整列、集合、健康観察 ・準備運動 ●本時の学習内容を確認 　ゲームを通してチームの課題を見付けよう。 ●気付きを共有 C　スペースがあるのに気づかないでパスをして取られてしまった。 C　ボールを持っていない人が動かないのでなかなかパスを出せなかった。 ●【課題を見付ける活動】 ゲーム（5分ゲーム）を撮影した、自分たちのチームの特徴を確認する。 　ボールを持っていない人は 　どうやって動くといいかな。	・用具等の安全上の確認を行う。 ・前時までの学習を想起し、本時の見通しをもつことができるように、子どもの気付きを共有する。 【課題を見付ける手立て】 ・ゲームの中でパスが通らないときはどんなときなのかを捉えるためにゲームを撮影する。

| 学習活動 | ●ゲーム（5分）

●分析
C　セーフティーエリアにいる人にパスが通らないから、セーフティーエリアから出たり、入ったりする動きで相手を惑わそう。
C　ボールを運ぶときに、パスがつながらないから、ボールを持っている人に近づいてボールをもらいに行こう。
●チームで練習
C　パスが通らなかったら、すぐにエリアから出てパスをもらおう。
C　ボールを持っている人に近づいたり、離れたりしてパスをもらおう。

●ゲーム（5分）

●振り返り
・スライドに1時間の振り返りを記入していく。
C　ボールを持っていない時に、セーフティーエリアから出たり入ったりする動きをするとパスがもらえた。

●整理活動
・整理運動
・片付け、整列、挨拶 | ・自分たちの課題を分析できるように、パスがつながらなかった場面があったか、あった場合、ボールを持っていない人はどう動くとよいのかについて発問をする。

・課題を捉えることが難しいチームには、映像を一緒に見て助言をする。 |

指導案例３

第５学年体育科学習指導案

日時：2022 年○月○○日　第 2 校時
実施場所：体育館
実施学級：5 年 2 組　児童数 27 人
お茶の水女子大学附属小学校教諭：和氣拓巳

1　単元名「バスケットボール」（ボール運動：ゴール型ゲーム）

2　単元について

（1）児童の実態

　1 学期は個別に自分のからだとの対話を中心に学びを進める中で、他者のからだへの気づきを促し、自他のからだの異同を肯定的に受け止めることができるように配慮することを大切にしてきた。2 学期は、自他の違い理解していることを前提として、ボール運動領域などのチームで協働的に学ぶ実践を行う。

　2 学期初めは、遊びを題材にして、「どうしたらあそびが面白くなるか」をテーマに学習した。児童の意見は、「簡単にはできないけど頑張ったらできそうなことに挑戦できるあそび」だった。その中で、本学級の児童は他者と比べられ優劣をつけられたり、他者との勝敗を競ったりすることを拒むところがあった。そこで、「勝敗を決するあそびを楽しくするにはどうしたらいいのか」について考えることにした。児童は遊びの中で勝敗を決する遊びを楽しむことポイントを「対等であること」「ルールを守ること」の 2 つというふうに定義した。

　これまで遊びという経験を通して、活動を面白くするポイントを合意形成しながら進めてきた。ボール運動の単元においても、これまで児童と一緒に築いてきたことをベースにこれからの学習も児童とともに創造していきたい。

（2）「バスケットボール」の特性

　「バスケットボール」は、攻守入り混じり方のゲームである。ゲーム展開がスピーディーで攻守の切り替えのスピードがゲームの勝敗を左右する。防御境界面を突破した後、的当ての要素が入ることから、侵入＋的当ての要素で構成されたゲームであることがわかる。ボールを操作する際には手を使い、足でボールを扱うことはNGである。

（3）単元の目標

　バスケットボールという材を通して、ゴール型ゲームの特性である「防御境界面を突破してボールを目的地まで移動すること」ができるかどうかについて考えながらプレイできるようにする。その中で、チームメイトや他チームのメンバーと一緒にゲームの特徴を理解したり、問題を解決したりする過程で、協働的に学んでいく子どもたちの姿を目指す。

（4）単元の評価規準

知識・技能	ゲームを優位に進めるために、自分のチームにとって自分ができる最大限の貢献の在り方を意思決定し実践することができる。
思考・判断・表現	ゲームを優位に進めるためのプレイについてアイデアを出したり、聴いたりしながら自分（たち）のよりよいプレイを考えることができる。
主体的に学習に取り組む態度	課題を自分（たち）で生成し、課題解決に向けて、諦めずに協働的に学ぶことができる。

（5）指導計画

　単元前半は、チーム内ゲーム、後半はチーム間ゲームで構成する。間に中間報告会を設定し、これまでのテーマを実現するためのよいプレイについて共有する。共有後の単元後半は、チーム間ゲームを行い、最終的には撮りためたポートフォリオを検討会にて発表し、互いの学びを批評し合っていく。

A）ゲーム「を」学ぶ学習構成

　ゴール型ゲームの競争課題は、「ボールをいかに目的地まで運ぶか」と定義する。つまり、「ボールをいかに目的地まで運ぶか」もしくは、「ボールを目的

地まで運ばせないか」について攻防を展開しながら競い、課題解決のためにどうするかを考えることが競争課題と言える。

　ボールゲームの目的はボール操作がうまくなることではない。ボール操作はあくまで競争課題を達成するための「手段」なのである。よって、ゲームの中で生まれた気づきをベースに学習を進めること大切にするために、ゲーム中心の学習過程を構成する。具体的には、「ゲーム－ふり返り－ゲーム」を繰り返す中で競争課題に迫っていく。その中で、ボール操作が必要だとなれば児童の必要感からボール操作について学習する。子どもの学びの文脈から学習を進めていきたい。

　ゲームを中心に学習を進めていく中で、まず「やってみる」次に「ふり返る」、そしてふり返ったことをもとにして自分（たち）の動きを「調整」し、チームの作戦を立て、また「やってみる」。この「やってみる－ふり返る－調整する」のサイクルを螺旋のように繰り返していくことが、課題に迫る理想の学習者像である。

B）チーム内ゲームからチーム間ゲームへ

　競争課題についてプレイし、「できるかできないか」を攻守に分かれて競っているわけだが、勝敗や得点差を意識しすぎると勝敗結果に目が行き過ぎてしまい、どんなプレイをするかが蔑ろになってしまう。そこで、単元前半は勝敗に左右されない、競争課題に着目しやすいゲームデザインを考える。チーム内

ゲームは同じチーム内でチームを2つに分けてゲームする。互いは同じチームなので、勝敗に拘らず、競争課題について意識を焦点化しやすい。また互いの気づきを共有することで、チーム力アップにつながる。

　単元後半はチーム間ゲームに移行していく。チーム内ゲームで学んだことを活かして他チームとゲームをする。他チームと対決することでまた違う戦術に触れ、新たな価値観に気づくことができる。勝敗がより顕在化しすることはあるが、単元後半にチーム間ゲームを設定することによって、これまでチーム内で学んできたことを発揮する機会をつくる。

　単元を通して得点版を出すことはしない。これは得点を可視化し強調しすぎるデメリットを排除し、純粋にその時その時のプレイを楽しんでもらうためである。

C）ルールの工夫（基本のゲーム）

　「バスケットボール」を題材としながら、簡易化されたゲームを児童に提案する。トップスポーツとしての「バスケットボール」のルールを児童にそのまま提供することはしない。あくまでトップアスリートのための「バスケットボール」のルールだからである。本学級の児童の様子を念頭に置き、まずはゲーム構造を崩さない簡易化されたシンプルなゲームを展開する。その後、児童の実態に合わせ、ゲームルールを少しずつ変更し、児童の実態にあったものにしていく。

【基本のゲームルール】

【予想されるゲームルールの変更】

【ルール変更例】
●オールコートにする。
●ドリブルありにする。
●4対4にする。
●ボールを変更する。
●リングにシュートを入れたら得点とする。

（6） 評価の工夫

　教師から理想のプレイを提示するのではなく、どんなプレイが「よい」プレイかを児童と一緒に見つけていく。しかし、状況によってそのプレイがよいプレイかは判断するのは難しい。そこでICTを使いゲームをしていないメンバーがゲームを撮影することで、その時の文脈を理解した上でよいプレイとは何かを考えていきやすいようにする。よいと思ったプレイ動画をポートフォリオとして残していき、チーム間で共有する場を設定していく。

【予想される児童が見つけ出すよいプレイ】

攻撃時	守備時
●パスは相手にとって取りやすいボールを投げた方がよい。 ●相手がいないところでパスをもらうとよい。 ●パスをもらうときは走りながらボールを要求した方がよい（スペースに向かってボールを先にパスする）。 ●シュートを打つ際は、味方がリバウンドを取れる位置に移動するとよい。 ●ボールを奪われたらすぐに守備に転じた方がよい。	●すぐに動ける体勢でいるとよい。 ●相手とゴールを結ぶ位置にポジションをとっていた方がよい。 ●腕を広げてパスを出させないようにした方がよい。 ●ボールを奪ったらすぐに攻撃に転じた方がよい。

3　本時案（3／8）

（1）本時のねらい

●ゲームを優位に進めるための有効なプレイについて話し合い、実践することができる。

（2）必要なもの

●パソコン　ボール　ビブス　フラフープ

（3）予想される本時の展開

時間	主な活動と児童の姿	留意点
0分 （8分）	1. 用具を準備したり、ウォーミングアップをしたり、作戦を考えたりする。	●あえて余白がある時間とすることで、児童がゲームのために必要なことを考え、実行する時間とする。
8分 （30分）	2. ゲーム－ふり返りを3回繰り返す。	●ゲーム－ふり返り－ゲームのサイクルを有意義なものとするために、教師が気づいたことは伝えていくようにする。
38分 （8分）	3. 本時の学習について個別にふり返る。	積極的に関わっていくというよりは、子ども同士の関わりも大事にするため、ときには見守っていきながら学習者主体の学習を目指す。
43分 （2分）	4. 片付けをし、学習を終了する。	●個別にふり返る際も、チームメイトと近くにいながら今日のプレイについて、話す姿があってもよい。 他者に言われて、初めて気づく自分の姿もあるだろう。

巻末資料（教材例）

低学年・体つくりの運動遊び「多様な動きをつくる運動遊び」

思わずやってみたくなる！
運動や遊びの難易度を自分で設定できる場の設定

　低学年では、遊びの行い方を知り、自己の心と体の状態に気付いたり、みんなで関わり合ったりするとともに、さまざまな基本的な体の動きを楽しく経験することにより、動きの幅を広げることが求められます。今回、さまざまな運動の場を設けることで、子どもの意欲を高め、主体的な学習となるよう工夫しました。

1　教材を工夫した視点

　本単元では、さまざまな運動遊びの楽しさに触れる場を設けることで、友だちと話し合いながら行い方を工夫したり、考えた運動遊びを友だちに伝えたりしながら、結果的にさまざまな動きを引き出すことにつなげることができるようにしました。またさまざまな運動の場を用意することは、体を動かすことを好まない子どもに対して、「これはやってみたいな」という思いを生むことにもつながると考えました。

　実際に用意したベースの場は6つです。

　まず、ステージに跳び乗ったり、ふかふかのマットに向かって、跳び降りたりする「ジャンプ＆ダイブコーナー」です（図1）。次に、回るということテーマに、マットや跳び箱等の道具を自由に使うことができる環境を整えることで、子どもたちが回ることと速さを結び付けて考える「ローリングコーナー」です（図2）。そして、力いっぱい投げることとバウンドしているボールをキャッチすることを個人で楽しんだり、複数人でゲーム形式にして楽しめることをねらいとした「キャッチ＆スローコーナー」です（図3）。

　また、さまざまな姿勢で移動することをねらいとして、自分たちでカラーコーンやバーを子どもが自由に設置でき、そのつくったコースで動きを工夫することができるようにした「しょうがいぶつコーナー」（図4）。さらに、⑤スラックラインを用いてバランスをとって歩いたり、座ったり、ジャンプしたり、姿勢を維持したりする「バランスコーナー」です（図5）。

図1　ジャンプ＆ダイブ

　最後に、⑥ターザンロープを用いて登り降りして遊んだり、つかまって揺れて遊んだりする「ターザンコーナー」です（図6）。これらのベースの場に対して、用具の配置などを自由に変えることを子どもの意思決定に委ねる授業をデザインしました。そのことで、友だちと関わり合いながら、より楽しい運動遊び

図2　ローリング

の行い方を工夫する姿が見られました。

2　具体的な学びの姿

　夢中になって運動遊びに取り組む時間と友だちと運動遊びの
仕方を工夫しようとする時間があり、子どもたちが主体的に学
習に取り組む様子が見られました。

図3　キャッチ＆スロー

　「ジャンプ＆ダイブコーナー」では、高い場所に跳び乗った
り、そこから跳び降りたりすることに子どもは興味津々でした。
回転しながらジャンプしたり、空中で姿勢を変えたりするなど、
友だちとさまざまなジャンプとダイブに取り組む姿が見られま
した（図1）。「ローリングコーナー」では、何も置かずにゴロゴ
ロ転がることから始まった活動が、回転のスピードを速くした
いという思いをもった子を中心に坂道をつくって転がる活動に
変容しました（図2）。

図4　しょうがいぶつ

　「キャッチ＆スローコーナー」では、大小様々なボールを力
いっぱい壁にぶつけて跳ね返ってくるボールをキャッチする活
動に夢中だった子どもが、投げる役と捕る役に分かれ、一緒に
活動したり、先にキャッチミスをした方が負けというゲームを
したりするようになりました（図3）。

図5　バランス

　「しょうがいぶつコーナー」では、単元前半はカラーコーンと
バーの数が少なく、シンプルな場でしたが、後半になると、と
ても複雑な場になり、子どもたちは、バーに触ってはいけない
というルールを自ら設定し、ゲーム形式にして楽しむ姿が見ら
れました（図4）。

　「バランスコーナー」では、足場が不安定なスラックラインの
難しさを理解し、友だちに支えてもらいながら渡る様子や座っ
たり、寝たりして姿勢を維持しようとする様子が見られました
（図5）。

図6　ターザン

　「ターザンコーナー」では、自分で揺れたり、友達に揺らしてもらったりしながら跳ぶ姿が
見られるようになりました。さらに縄をうまく体に巻き付け、片手を離して姿勢を維持する姿
も見られました（図6）。

　このように、「これはやってみたい」という子どもの動きを誘発するベースの場を準備し、
子どもが自由に作り変えることができる空間にすることで、友だちと関わり合いながら運動を
楽しむ姿が見られました。

（大出　知明）

中学年・体つくり運動「体ほぐしの運動」
見えない世界を感じよう

　体ほぐしの運動は、心と体の変化に気づくことや他者と関わり合うことを目的とした学習です。本実践では、目が見えない状態で運動を行い、自己や他者の体に対して、日常とは違った新たな気づきが生まれることを期待して本教材を開発しました。

1　教材を工夫した視点

　見えない世界での自己や他者の体を感じたり、関わり合ったりできるように2人組を基本として活動を行いました。1人は、帽子を深く被って目が見えない状態にして、もう1人は、相手の様子を見ながら声かけする役割にしました。

　学習のはじめは、新聞を丸め棒状にしたものを互いが持ち、体育館の中を自由に歩く活動を行いました（図1）。また、時間になったら相手を変えるように教師が声をかけ、相手が変わると声のかけ方や感じ方が違うことに気がつけるようにしました。活動を通して、見えない世界で動くことの難しさや見えていない友だちにどのような声をかけたら良いのか試行錯誤する姿が見られました。

　2時間目以降は、パラスポーツで行われているゴールボールとブラインドサッカーを参考にしながら、ボールを操作する運動を行いました。ここで扱ったボールは、バレーボールをビニール袋で包んでカシャカシャと音が鳴るようにしました。ボールを手でキャッチしたり、足でドリブルしたりする動きを他者と協働しながら行うことで、モノを通した体の感じにも気がつけるようにしました。

図1　新聞を持って移動する活動

　また、学習を進めるにあたっては、子どもからの「もっと工夫したい、難しくしたい」という思いを大切にして楽しさが広がっていくことと、「どんなことを感じた」という体への気付きを促していくように心がけました。そうすることで、楽しみながら見えない世界への新たな気づきを得ることができると考えました。

2　具体的な学びの姿

　学習のはじめは、2人組で新聞紙を丸めたものを互いに持ち、体育館を歩きました。はじめは、目が見えていない子どももリードする子どもも恐る恐る活動をしていました。しかし、互いに活動に慣れてくると周りの様子を見ながら先読みして声をかけたり、相手の声に上手に反

応したりする様子が見られました。「先生、走ってもいいですか？」という声が挙がったので
コーンを並べて、簡単な円のコースを作り、走る活動も行いました。学習を終えた振り返りで
は、「目が見えないとこんなに動くことが難しいとわかった」「声で周りの様子がわかってきた」
「声をかけるのが難しかったけど、先に様子を伝えると上手に動いてくれた」など見えていない
自分や相手の様子から、多くの気づきが生まれている様子でした。

　２時間目以降は、ボール操作を中心とした活動を
行いました。ゴールボールを参考にした活動では、
一方がボールを転がして投げ、見えていない子ども
がキャッチをする活動を行いました。はじめは、苦
戦している様子でしたが、ボールの音に耳を澄まし
ながら上手にキャッチができるようになっていき、
少しずつ投げる距離を延ばしたり、あえて横にずら
したりして難しくしていくようになりました（図
2）。

図２　ボールをキャッチする様子

　ブラインドサッカーを参考にした活動では、足で
ドリブルをしながら目的地（フラフープを置いた地点）までボールを運ぶ活動を行いました。
目が見えない相手の横や後に立ちながら声をかけ、リードをしていました。「もうちょっと、
前、横、後ろ」「どこどこ？　ボールどこ？」とボールを見失っている様子に互いに笑顔が見ら
れる場面もありました。

〈子どもの振り返り〉
　学習のはじめは、目が見えないので少し怖かったです。でも、○○さんが優しく声
をかけてくれるので安心してできました。足でドリブルする時は、何メートルで目的
地とか具体的に言わないと伝わらないし、右とか左とかが逆になったりするから、相
手にどうすればわかりやすく伝えるかが、大切だと思いました。見えない世界を感じ
られたのと、難しさや楽しさがわかりました。

　子どもの様子から、見えない世界を通して、日常では感じることのできない新たな気付きや
他者との関わりを得る学習になったのではないでしょうか。

（神﨑　芳明）

高学年・体つくり運動「体力を高める運動」

縄×体つくり運動！
オリジナル運動で、クラス全員でパワーアップ！

　高学年の体の動きを高める運動では、体の柔らかさ、巧みな動き、力強い動き、動きを持続する能力を高めるための運動を行います。今回は、縄を用いてそれぞれの力を高めることができるオリジナル運動を子どもたちがグループごとに考え、提案・共有するという教材を開発しました。

1　教材を工夫した視点

　体つくり運動は、子どもにとって仲間と楽しく運動することを通して、運動する楽しさやそのよさを実感することができる面白さがあります。さまざまな力に対する運動を試すため、1つでも自分の得意に気が付くきっかけにもなるでしょう。

　今回主教材として使用する縄跳びは、1年生の頃からずっと学習してきているため、全員に運動経験があります。また、固定したり動かしたりが容易にできるため、場の工夫や動きの指定や制限がしやすいです。さらに、短い縄と長い縄など、複数種類を用意することで、組み合わせが広がることにもつながります。

　そこで、本単元では、「縄を用いて」「グループで」「クラスに共有する」運動を考えて試すことを単元として体力を高める運動で6時間行いました。縄は、使い方によって容易に運動の強度を変えることができます。そこで、子どもたちには、短縄跳びの技や回数を選ばせたり、跳ぶ人数や跳び方を変えたりして運動するように促しました。途中でグループに分けて8の字跳びをしたり、5分間○○跳びをしたり長時間同じ跳び方を続ける運動をすることを通して、「時間」「人数」「用具やエリア（環境）」を変えてみんなで活動する運動をしました。

　その後、全体でウォームアップ⇒グループで創作⇒全体で共有・試しの運動⇒振り返りという流れで、お互いに作った4種類の運動を実際に行うことを通して運動を楽しみました。縄の組み合わせを変えたり、同じ縄でも人数や場所を変えることで、縄の面白さを繰り返し味わうことができるのも、縄を使った運動の良さでもあります。そして、考えた運動については、紹介による共有で終わらず、運動をした実感と感想交流を基に、次の時間のグループ創作でさらに深めるように促しました。

2　具体的な学びの姿

　「縄を使ったオリジナルの運動で、クラス全員でパワーアップしよう」というテーマで学習を進めました。そして、前述した4つの力を高めるためにグループを編成し、それぞれが集まって活動しました。

　単元の初めの頃は、グループ内でも１人やペアでの運動を考えている様子が多くみられました。具体的には、２人組で綱引きのように、直接縄を引き合うか、肋木を介して引き合う運動が多く見られました（図1）。

図1　引っ張り合う運動を試す２人

　しかし、単元が進んでいくと、グループ内で縄を使った対話的な学びが増え、新しい活動を提案して、試すグループが増えていきました。その途中で、跳び箱の穴に取っ手に括り付け、キャスターを転がして跳び箱で散歩し始めるグループが出てきました。引っ張る縄に人が集まっていくと、その運動を止める子がいました。その子は、「跳び箱にしっかり括り付けて引き合ったら、楽しく力を目いっぱい出せるんじゃないかな」と、物を介した引き合いを提案していました。

図2　グループで引き合う運動をしている

　その後、このグループでは、活動方法を考えるだけではなく、姿勢で引いた方が力が入ることに気付き、途中から、力を発揮するための方法にも着目しながら試していました（図2）。

　また、長縄と短い縄を組み合わせて、巧みな運動を考えていたグループも出ました（図3）。他のグループが複数の物を組み合わせた運動を試す中、このグループの子の振り返りで、「得意な人だけではなく、少し苦手な人も楽しくチャレンジできるようにしたいです！」と書いていました。

図3　縄を組み合わせて運動するグループ

　今回の学習から、縄を主教材として用いた創作活動を考えて試した結果、運動が得意でも苦手でも、仲間と一緒に新しい運動を生み出しながら試す楽したり、仲間と交流する楽しさを感じて取り組む人が多く出ました。

（五十嵐　太一）

低学年・器械器具を使っての運動遊び「マットを使った運動遊び」
安心して取り組める場で、自分の力に合わせて工夫ができる
「マットワンダーランド」

　マット運動は、いろいろな動きや課題に取り組んで、「できた」楽しさを味わうことができる遊びです。ただ、経験の差や体格の差で恐怖心をもつ子どもも少なくありません。そこで、すべての子どもがマット運動の楽しさを味わえるように、「マットワンダーランド」の教材を開発しました。

1　教材を工夫した視点

　マット運動の楽しさは、「いろいろな『動き』や『技』に挑戦して、達成すること」です。マット運動遊びが苦手な子どもは、できないから怖い、怖いから取り組めない、といった負の連鎖に陥ってしまいます。だからこそ、子ども一人ひとりが「できそう！」や「やってみたい！」と思うことのできる場を作ることはとても重要になります。そのためには、まずは教師が学習内容として身に付けさせたい動きを意識します。そして、やってみたい場を作ることで、子どもは運動そのものに楽しんで取り組み、それと同時に技能を身に付けることができます。

　今回の「マットワンダーランド」では、サーキット形式で6つの場を回り、いろいろな動きに取り組みます（図1）。くねくね道では、紅白玉に当たらないように腕で体を支持して動物歩きをします。高跳びゴムを最後に置くことで、体勢の低い動きもできます。ぴょんぴょんコーナーは、平均台やゴムを川に見立てて跳び越します。

　坂道コロコロでは、傾斜で勢いが付くことで、容易に転がれるようになります。カラフル肋木では、壁上がり逆立ちをします。高さによってカラーテープを変えることで、自分がどの場所まで足が伸びているのかが視覚的に分かるようにします。

　広場コロコロでは、いろいろな方向に友達と息を合わせて転がって、新しい動きを見付けます。自分の力に合わせて場や動きを変えて挑戦することで「できた」という肯定感をたくさん味わわせることができます。自分たちの動きが変容していることを実感しながら取り組めるような授業作りをしました。

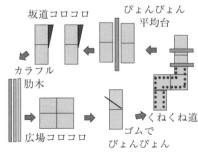

図1　「マットワンダーランド」

2　具体的な学びの姿

　単元の前半は、「コロコロ」「ぴょんぴょん」「さかさま」
という運動をそれぞれ1単位時間ずつ取り組み、それぞ
れの動きを知ったり、工夫の仕方を知ったりすることが
できるようにしました。単元後半のサーキット形式での
運動になっても、それぞれの場で動きを工夫したりより
よくしようとしたりしながら取り組む姿が見られました。

　例えば、くねくね道（図2）では、紅白玉をさらに狭
く置いて道を狭くして難易度を上げるグループや、バラ
バラに置いて紅白玉に触れないように大股にしたり小股
にしたりしながら動物歩きをするグループがありました。

　また、熊歩きだけでなく、他の動物歩きや高跳びゴム
の高さを高くして高い姿勢で動物歩きを楽しんでいるグ
ループもありました。どのグループも自分たちでゲーム
性を感じながら楽しみ、体をしっかりと支持して歩くと
いう技能を確実に身に付けることができていました。

図2　くねくね道で動物歩き

図3　広々マットで前転に挑戦

　後ろ転がりができなかった子どもが、「坂道コロコロ」
で傾斜をつけることで崩れながらも転がることができるようになり、その後に「広場コロコロ」
でその子どもができるようになったからと、みんなで手を繋いで後ろ転がりをしようとするグ
ループがありました（図3）。その子どもができるようになったことをグループのみんなが気付
いて次の活動に取り入れたことで、「次の時間は、もっと坂道コロコロで後ろ転がりに勢いをつ
けて頑張って、広場コロコロでも後ろ転がりをみんなで成功したい」といった、次に繋がる振
り返りにつながりました。

〈子どものふりかえり〉
・カラフル肋木で、手を肋木に近づけるようにした
　ら、足が黄色まで伸ばせました。嬉しかったです。
・広場コロコロで、5人で手を繋いで前転がりがで
　きるようになりました。

　低学年の子どもは、マット運動遊びでも「できそう」で「楽しそう」な場が作れれば、自分
たちでどんどん挑戦したり、遊びを工夫して変化させたりしながら遊び続けることができます。
身に付けさせたい動きを意図した場で遊ぶことで、主体的な学びの中で、動きも身に付けられ
る学習になりました。

（江原　美沙）

中学年・器械運動「鉄棒運動」

学びの過程を自己決定
「ぐるんと回る感じを味わおう　鉄棒運動」

　鉄棒運動は、自己の能力に適した技や発展技に挑戦したりして技を身に付けたときに楽しさや喜びを味わうことのできる運動です。運動経験による個人差が大きい領域だからこそ、学び方を選び、自分の能力に適した技に挑戦できるようにすることが大切です。

1　教材を工夫した視点

　器械運動は、非日常的な感覚を味わうことができるとともに、技に挑戦する過程や技を身に付けたときに楽しさや喜びを感じることができる運動です。低学年では、器械・器具を使った運動遊びに取り組み、楽しみながら広く動きを身に付けてきました。中学年からの器械運動は、遊びの要素を盛り込むとともに、技に挑戦できる楽しさや喜びを感じることができるようにすることが大切です。しかしながら、器械運動は、できるできないがはっきりする領域でもあります。難しい技ができることのみが学習で強調されると、中には楽しいと感じることができない子が少なくないかもしれません。

　そこで、本教材では2つのポイントを意識しました。1つ目は、「ぐるんと回る感じを味わおう」と学習のテーマを子どもたちと設定しました。技に取り組んだ際に、技の連続図等と見比べて、細かな動きに気付くことは簡単なことではありません。運動した感じ味わうことをテーマにすることで、子どもたちは「ぐるんと感じることができたか」と自分自身に問いかけ、「勢いをつけると、ぐるんと感じることができた。」や「さっきよりもぐるんと感じることができなかった。どうすればいいかな」と探究のスイッチが入るようにしました。2つ目は、自己選択・自己決定ができる環境を構成することです。例えば、補助逆上がりでぐるんと回る感じを味わうために、逆上がり補助器や跳び箱を置いた場に加え、逆上がり補助具を使ったり、友だちから補助してもらったりする場を設定しました。これらの場に取り組む際には、自由に順番を選んでもよいことと、気に入った場で何度も取り組んでよいことを子どもたちに伝えました。自己選択・決定ができる環境を設定することで、子どもたち一人ひとりが自分の能力に適した場で運動に没頭できるのです。

2　具体的な学びの姿

　3年生を対象とした授業では、「自分の選んだ技でぐるんと回る感じを味わおう」というテーマで行いました。鉄棒は高さが3種類（低、中、高）あり、それぞれ4台ずつあります。子どもたちには、前回り下り、膝掛け振り上り、補助逆上がり、後方片膝掛け回転の4つの技を提

示しました。技の行い方や安全な場の使い方を子どもた
ちに伝え、ぐるんと回る感じを味わおうための活動を開
始しました。

　子どもたちは、まずは自分が興味をもった技を選び、
取り組み始めました。「難しい！」「ここだとできる！」
と声が聞こえてきます。本単元では、感じを味わうため
に、技ができるようになることも目的となります。子ど
もたちは、自分が選んだ技ができるように、自分が必要だと感じている場を選び取り組んでい
ることが分かりました。1時間の振り返りカードには、

〈子どものふりかえり〉

・今日はとびばこで、ほじょさかあがりをしました。もうちょっとで回れそうでし
　た。つぎはもうすこしいきおいをつけてやってみようとおもいます。

・ほじょさかあがりはもとからできるけど、つぎはもっとぐるんとなるようにしたい
　です。

　2時間目は、準備活動が終わると、早速自分の選んだ場所で取り組みました。すでに技がで
きるようになった子は、よりぐるんと感じるように、工夫を凝らします。この時間には、友達
との関わりが増えてきました。グループを組んで学習していたわけではありませんでしたが、
各場で自然発生的な友だち同士の関わりが生まれてきました。「もっと勢いよく足を蹴り上げた
方がいいよ」「大丈夫できるよ」「さっきよりもぐるんと回る感じがしたよ！」と子どもたちの
声が聞こえてきました。

　鉄棒の学習で、ぐるんと回る感じを味わおうと探究した子どもたち。このような姿が立ち現
れたのは、探究的なテーマと自分で必要な場を選択・決定できる環境構成によるものだと考え
ています。これらの2つは、まさに自己の学ぶ過程を自分で決めていることになります。子ど
もたちの姿から今後求められる体育授業の在り方を教えられました。

（村上　雅之）

> ### 高学年・器械運動「跳び箱運動」
> #### 動きの感じをつかみ、心地よい跳び方を目指す
> #### VR 跳び箱
>
> 　跳び箱は、「跳べる・跳べない」という結果が目に見えてしまう運動です。そのため、跳べない子どもにとっては、成長を感じにくかったり、苦痛に感じたりすることもあります。そこで、VR コンテンツを活用して「動きの感じ」をつかみ、すべての子どもが跳び箱運動の心地よさを感じられる教材を活用しました。

1　教材を工夫した視点

　従来の跳び箱運動では、技の習得に重きがおかれ、その技が「できる」ようになることが運動の楽しさや、学習の中心であるように捉えられているように思います。しかし、その「技の習得」だけが、本来の跳び箱というモノがもっているおもしろさのすべてではないのではないかと考えました。そこで、「動きの感じ」をつかむことを中心として、「跳び箱運動の心地よさを学び合ったり、新たな心地よさを創造したりする」ことを重視して、本教材を作りました。

　跳び箱運動がもっているおもしろさは「体を投げ出したり、浮いたり、回ったり、止まったりする感じが心地よい運動」であると捉えました。その「心地よさ」は、動きの高さや距離、身体の伸びによって変わります。例えば、跳び箱に着手したあとの「ふわっと」した感じが「よりふわっと」した感じになったり、着地時が「よりピタッと」したりするなどです。さまざまな「動きの感じ」を味わうために本教材では、VR ゴーグルを使用しました（図1）。

図1　VR 動画を視聴

　VR 動画は、体育館で跳び箱を跳ぶ際の一連の動きを、一人称の視点で視聴することができます（図2）。助走のスピード感や跳んでいる際の浮遊感、踏切や着手時の「バンッ」という音など、臨場感をもって味わえます。VR で味わった「動きの感じ」と現実の自分の動きを比較し、近づけるためにはどのように動きを改善していけばよいか探究していく、課題解決型の学習を目指しました。毎時間 VR を視聴し、そこで味わった「動きの感じ」を探究できるように、「個人でめあてを設定」→「友だちとの学び合い」→「振り返り」という流れで授業を行いました。

図2　跳び箱 VR 動画

2 具体的な学びの姿

「動きの感じをつかみ、よりよい跳び方を目指そう！」をテーマに学習を進めました。第1時では、現実の子ども自身の動きとVRの世界との「動きの感じ」を比べながら、自分の探究したい「動きの感じ」を考える活動を行いました。初めてVRを視聴して、「踏み切り板を踏むときや手をついたとき、バンという音がした！」や「助走のスピードが速かった！」「一連の流れがスッーとして滑らかだった」などの感想が出ました。その「動きの感じ」と自分の動作を比較して、それぞれ個人のめあてを設定し、試技を繰り返し行いました。めあてを達成するために、助走のスピードを意識したり、ふみきりを強く行ったりするなど「動きの感じ」をつかむための工夫や気づきが数多く見られました。

第2時では、VRで味わった「動きの感じ」をさらに味わえるように、友だちとの学び合いや場の工夫などを意識した活動を行いました。VRを視聴してから、個人のめあてを設定し、子ども同士でどんな「動きの感じ」をつかみたいか共有しました。そして、そのためにはどんな場を設定すればよいかや跳び方の工夫について、グループごとに考えながら取り組みました。「フワッとした感じを味わうには、調整板を増やして踏み切り板を離してみよう」や「助走の距離をもう少し長めにとって、助走のスピードを上げよう」など、友だちと意見を交わしたり、場の設定を試行錯誤（図3）したりして、「動きの感じ」を探究する姿が見られました。

図3 場の設定の工夫

〈子どものふりかえり〉
・課題を見つけて、場の工夫をすることによって最初よりもうまく跳べるようになった。もっとめあてに近づけるように工夫を考えたい。
・いつもより速く走ると、足が開き、跳べるようになった。少し自信がついた。
・VRを見たことで、前までやっていないことを意識するようになって、見る前よりきれいに跳べたような気がした。

「動きの感じ」を探究することを通して、よりよい跳び方に変わり、結果的に跳べなかった子どもが跳べるようになり、跳べていた子どももよりよい動きになりました。何より、人と比較することなく、個人の課題（動きの感じを味わうこと）を探究していくという活動により、跳び箱運動の心地よさを感じ、得意な子どもも、苦手な子どもも主体的に活動できたことが、このVR教材の成果です。

（池田　光明）

低学年・走の運動遊び「障害物を用いてのリレー遊び」

走力にかかわらず、どの児童も夢中になって取り組める
ピョンニョロじゃんけんリレー

　走力が勝敗に直結するリレー遊び。走ることが苦手な児童にとっては活躍できなかったり、時に友だちから責められたりして「やりたくない」という思いをもってしまうこともあります。そこで、走力の高低にかかわらず、どの児童にも活躍するチャンスがあり、競い合う楽しさを味わえるような教材を開発しました。

1　教材を工夫した視点

　この教材では「思い切り走って障害物を走り越したり、蛇行して走ったりする心地よさを味わう」ことに加え、「走力にかかわらず誰にでも勝つ可能性がある」ことをねらいとしました。そこで、勝敗の未確定要素をとして運で勝敗が決まる「じゃんけん」を取り入れました。

　具体的な場として、スタートラインから20m程度の地点にコーンを置き、その間に段ボールとマーカーコーンを置きます（図1）。行きは段ボールを走り越し、コーンの地点では相手チームのじゃんけんマンとじゃんけんをします。勝てば帰りも段ボールを走り越し、あいこか負けならばマーカーコーンの外を蛇行して走って帰ります。じゃんけんの勝敗によって走る距離が変わるため、走力と同様にじゃんけんの勝敗も重要になり、そこに走力の高低に関わらない運の要素が生まれます。じゃんけ

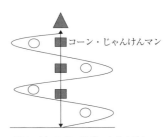

図1　ピョンニョロじゃんけんリレー

んの結果によっては走力の差をひっくり返すことのできる点が、この教材の面白いところです。

　どのチームにも勝つ・負ける可能性があり、毎回結果が変わるところも重要な点です。他にも、障害物の置き方やマーカーコーンの幅を変えたり、じゃんけんの内容を変更（あいこも走り越すなど）したりと、ルールを児童と相談しながら、全員が楽しめるように工夫していきます。このようにして子どもは、勝っても負けても楽しい、誰もが活躍できるリレー遊びに夢中になっていきます。

2　具体的な学びの姿

　「走力にかかわらず競争を楽しむ」ことを強調するために、準備運動では「わたあめしっぽ取り」に取り組みました。2mのスズランテープに50cm間隔で色別のタックシールを貼り、その先にレジ袋（わたあめ）を結び付けたものを使用します。足の速い児童は袋から一番遠いシール、足の速さに自信のない児童は袋に近いシール等、自身の走力に応じてシールを選び、

腰に付けます（図2）。

　本実践では学級を3チームに分け、どのチームが一番
袋を集められるか競いました。走力に応じてしっぽの長
さが違うことや、レジ袋が付いていて取りやすいことか
ら、走力にかかわらず、どの児童もしっぽを取り合うこ
とに夢中になっていました。

図2　しっぽの長さに違いがある

　ピョンニョロじゃんけんリレーでは、5名のうち1名
がじゃんけんマンとなり（ローテーション）、残り4名
が走ります（図3）。競争が終わるごとに「もっと接戦
にするためにはどんな工夫ができるかな？」と問いか
け、児童から障害物の置き方やマーカーコーンの幅を変
えること等のアイデアを引き出し、より接戦にしていく
ための工夫を学級で蓄積していきました。

　はじめのうちは一人一回走っていたのですが、じゃん
けんの勝敗の影響が大きすぎて、途中から逆転が難しい

図3　じゃんけんマンとの対決

ことが児童から意見として出ました。そのため、4名が2回ずつ走ることで各じゃんけんの勝
敗の影響を軽減し、逆転の可能性が途中で生まれやすくする方向に修正していきました。何度
か行ううちに「勝敗が入れ替わる楽しさ」を児童が実感してきたのか、1・2位のチームはマー
カーコーンを一足分広くするか段ボールを立てて置く、4・5位のチームはマーカーコーンを
一足分狭くする等のアダプテーションとしての工夫が児童から出るなど、どのチームも接戦を
楽しむ姿が見られました。授業後には「足の速い○○さんと競争して、まさか自分の方が早く
ゴールするなんてびっくりした！」と、走力にかかわらず、競争を楽しんでいる児童の姿が見
られました。

（杉田　昇）

> ┃高学年・陸上運動「走り幅跳び」┃
> 　　　　運動の面白さ「水たまりを跳び越える」
> 　　　　　　　　走り幅跳び
>
> 　走り幅跳びは人と競争したり、自分の目標記録達成を目指したりすることが楽しい
> と言われています。しかし、子どもたちは本当に「競争」「達成」に魅力を感じてい
> るのでしょうか。「競争」「達成」に共通する楽しさがあるのではないかと考え、走り
> 幅跳びに夢中になって取り組めるよう教材を工夫して実践を行いました。

1　教材を工夫した視点

　雨が止んだあとにできる水たまり。この水たまりを跳び越したことがある経験は誰しもある
のではないでしょうか。とくに子どもの頃は尚更でしょう。雨上がりの子どもの様子を観察し
ていると「水たまりを跳び越えることができるかな？」と自分で大きな水たまりに挑戦する姿
が見られます。跳び越えられなかったときは、助走を長くしたり、踏み切りを強くしたり…。
これはまさに走り幅跳び。つまり、走り幅跳びの楽しさの根幹には「水たまりを跳び越えるこ
とができるかな？」ということのようにに思われるます。そこで、次のような実践を行いまし
た。

　　　図1のように砂場にゴムひもを張ります。子ど
もたちには「踏み切り線からゴムまでの間が水たま
りだよ」「実際の水たまりではないけど、水たまり
のつもりでやろうね」と説明し、教師が水たまりを
跳び越せた跳躍と水たまりに落ちておしりをついて
しまった跳躍の2つを見せます。つまり成功と失敗
のイメージを全員で共有しておくのです。

図1　水たまりを跳び越える

　その後実際に水たまりを跳び越すことに挑戦しま
す。最初は誰もが跳び越せるような水たまりにします。全員が跳び越せている状況を確認し、
子どもたちの様子を見ながら、2本目・3本目とゴムひもを増やしていきます。すると、子ど
もたちは自分が跳び越せそうな水たまりを選択し、それを跳び越そうと助走を長くしていきま
す。また、自然と着地が両足着地になったり、空中で膝を胸に引き付けたりするようになって
いきました。1時間目の終わりには、走り幅跳びのポイントである「助走」「踏み切り」「空中
動作」「着地」の4つに関連する内容に子どもたちは気付いていました。

2　具体的な学びの姿

　1時間目の振り返りで、教師から「4つのポイントをどの順番で学習していく？」と問うと、ある子どもから「助走、踏み切り、着地、空中動作の順がいいと思う。空中動作は一番難しそうだから、一番最後」と発言があったので、クラス全員で共有し、単元6時間の学習計画を立てました。

　2時間目の「助走」では、最初は全員5歩助走にし、その後助走距離を何mがよいのか自分で確認するよう促しました。5歩以上にしたい子どもたちには、歩数と助走距離を変えたらどの組み合わせが一番心地よいか記録するように伝えました。3時間目の「踏み切り」では、「どこを見て踏み切るとよいか」と発問しました。子どもたちは砂場の先にあるフェンスを目印にして踏み切るようになりました。また、腕を下から上に振り上げることで「ふわっ」とする感覚を味わうことができたようでした。

　4時間目は「着地」「空中動作」に取り組みました。この2つは連動しているので、同時に扱いました。「空中でもう一伸びをするには、身体のどこをどのように動かすといいかな」と発問をしました。しかし、実際に身体の動かし方を考えてから実践するということでは、感覚がつかめていなければいつまでも考えられません。そこで、体感してから自身の身体の動かし方に目を向けるられるよう、「トライボックス（図2）」という教具を使いました。着地直前の位置に置き、トライボックスにふれないように跳び越すのです。水たまりのゴムひももそうですが、もう一伸びを出すためには、視覚できるような教具が有効となります。「あれを跳び越す」という目標が明確になるからです。子どもたちは繰り返し、トライボックスを跳び越すことに挑戦したことで空中動作が誘発され、「手を後ろに強く押す」「膝を空中で曲げて、着地のところにいった伸ばす」といった自分の身体操作について言語化することができるようになりました。

図2　トライボックスを跳び越える

　第3時以降計測を実施しました。計測する際にも、自分で目標とする場所に目印となる自分専用のカードを置いて「水たまりを跳び越える」ことを意識させました。「水たまりを跳び越える」という子どもが夢中になっている現象に着目し、そのために身体をどのように操作するのかに目を向けさせることでダイナミックな跳躍が引き出されることがわかった実践となりました。

（小島　大樹）

高学年・陸上運動「ハードル走」

スポンジハードルと踏み切りの可視化で
リズミカルに走り越える「気持ちよさ」を味わせる

　ハードル走はリズミカルにハードルを走り越えるときに、「気持ちよさ」を感じる
ことができる運動です。しかし、ハードル走に慣れていない子供は固いハードルにぶ
つかることに恐怖を感じます。そこで、恐怖心を取り除くスポンジハードルやケンス
テップで踏切り位置を可視化する等の教材を工夫しました。

1　教材を工夫した視点

　子ども達にハードルをリズミカルに走り越え「気持ち
よさ」を感じさせるために3つの工夫をしました。

　1つ目は、スポンジハードルを作成しました。一般的
な木製のハードルでは、子どもは「ぶつかると痛い」「ぶ
つかると転ぶ」などの「恐怖心」が出てきてしまいます。
そこで、木製部分を取り外してスポンジに付け替えたス
ポンジハードルを作りました。（図1）。

図1　スポンジハードル

　2つ目は、走るコースに目印を置くことです。インター
バルのリズムやハードルの手前での踏み切る位置を可視化するためにケンステップとお手玉を
使用しました。

　3つ目は、ICT機器の活用です。走っている姿の動画を撮影して走り終わった後に自分の
走っている姿を確認したり、友達と一緒に見返したりするために使用しました。リズミカルに
走れているかを確認するために使用するので、コースの横から撮影させました。

　走る距離は40mでインターバルは、5m、5.5m、6mの3つのコースを準備しました。それ
ぞれ2コースずつ計6コースを準備しました。（使用する人数によってコース数は適宜変更し
ます。）どのコースにもインターバルが3つできるようにハードルを4台設置しました。インター
バルやリズムが自分に合っていたかをお互いに確認するために、4人1組でグループを組みま
した。お互いの走りを見合い、インターバルやリズムが合っていたかを伝え合いました。単元
を通して4人1組の異質グループで学習を進めました。

2　具体的な学びの姿

　第1時では、ハードル走の学習に不安に思っていた子どもも「スポンジハードルなら自分も
できそう」と感じ意欲的に取り組む姿が見られました。

　子どもは、色々なインターバルを試しながら、自分に合ったインターバルと自分に合ったリ

ズムを探していました。リズムを見つける時には、友達
とお互いの走りを見合いながらリズムを探していまし
た。リズムの表現方法も様々で「1・2・3、1・2・3…」
と数字で表す子どもや「タン、タタタ、タン」と音で表
す子どもや手拍子でリズムを表す子どももいました。友
達が走っている時に、確認したリズムで口伴奏したり、
手拍子でリズムを確認していました。友達がリズミカル

図2　ケンステップで目印を付ける

に走り越えることができるようになると自分の事のよう
に喜ぶ姿も見られました。なかなかリズムが合わない場
合には、ケンステップ等を使用して目印をつけていまし
た。レーン上に置いてリズムを確認したり、ハードルの
手前に置いて踏み切る位置を確認したりする姿が見られ
ました（図2）。中には、ケンステップ等を置くと意識
しすぎて走りにくくなる子どももいました。その場合は、
目印は置かずに走っている姿をタブレットを活用して映

図3　ICT機器を活用して動きを確認

像を撮り、それを見返して確認しました（図3）。動き
を可視化することで、お互いに見合い教え合いが活発になっていました。

〈子どものふりかえり〉
　　私は、今まで高学年になると木のハードルでハードル走の学習をすることが不安で
した。しかし、スポンジのハードルならひっかかっても痛くなく、走りこえることが
こわくなかったので楽しく学習することができました。私は、後半にリズムが崩れて
しまうことが課題でした。友達が一緒にリズムを考えてくれ、走り終わったら、リズ
ムについて教えてくれて分かりやすかったです。ハードルが高くなっても走り越えら
れたことに達成感を感じました。

　教材を工夫することで子ども達にハードルをリズミカルに走り越え「気持ちよさ」を味わせ
ることができました。また、試行錯誤させる学習展開にすることで成長を感じた時の達成感を
味わせることもできました。

（佐佐木　達哉）

高学年・陸上運動「短距離走・リレー」

安心した競走とバトンパスを保障する
2サークル型リレー

　リレーは追い抜き追い抜かれ、運動会などでも特に盛り上がる競技の一つです。しかし、走ることが苦手な子どもにとって、抜かれる瞬間というのはとても辛いものです。そこで、すべての子どもがリレーの楽しさを味わえるように「2サークル型リレー」の教材を開発しました。

1　教材を工夫した視点

　リレーの楽しさは、「一人ひとりが全力で走りながら、バトンをスムーズにつなぐこと」です。この楽しさを全員に味わってほしいという思いで、リレーの教材を作りました。一般的なリレーは相手と並走するので、走ることが苦手な子どもは相手に抜かれることが多くあります。そこで、複数のチームが一斉に競走する形ではなく、2チームが2つに並んだトラックで別々に走る「2サークル型リレー」（図1）を取り入れました。具体的には、テイクオーバーゾーンを15mとし、半径8mのカーブを走る1周約80mのトラックが2つになります。また、「減速の少ないスムーズなバトンパス」は、チームの記録を大きく左右します。この「2トラック型リレー」は2チームが別々のトラックを走るため、他のチームにバトンパスを邪魔されたり、走ってる最中に抜かれたりすることがありません。そのため、一人ひとりが全力で走り、バトンをつなぐ楽しさを味わうとともに、個々の走り方がよく見えることで、友だち同士の声掛けも活発になります。一見、各チームが別々に走っているように見えますが、最終局面には勝ち負けがあり、競走の楽しさも味わうことができます。

　チームは1チーム5〜6名で4チーム作りました。5時間の単元計画を組み、1時間の流れを、リレー①→課題見つけ・練習→リレー②→振り返りとしました。リレー①の後にチームの練習時間を取ることで、めあてを達成するためにチームや個人に何が必要か考え、練習をすることができるように工夫しました。

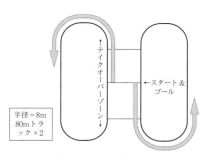

半径＝8m
80mトラック×2

図1　2トラック型リレー

2 具体的な学びの姿

　「チームでスピードをつなぎながら、ベストタイムを目指そう！」をテーマに学習を進めました。1チーム1トラックでリレーを行うことで、走りやバトンパスに集中できるとともに、自分たちの走りにも注目することができました。リレー①後の課題見つけ・練習では、兄弟チームのアドバイスも生かしながらバトンパスやカーブの走り方など、チームの課題に合った練習方法を工夫し、取り組む姿が見られました。単元が進むごとにチームの課題も明確になり、練習の仕方や声かけに変化が見られました。

　例えばオレンジチームは、テイクオーバーゾーンでのバトンパスでは、第1時では止まったままのパスだったのが、前走者のスピードを繋ぎながらテイクオーバーゾーンを有効に活用できるパスへと変化が見られました（図2）。「テイクオーバーゾーンの初めで止まっていたから、前の人がここまで来たら走り始めるというのを決めたら良いのではないか」「人によって次走者が走り出す位置やバトンをもらう場所を変えたらいいのではないか」といった、子どもの気づきが随所に見られました。

　さらに、オレンジチームは単元中盤の練習では「マーカーを使って練習をしたい」と子ども自ら教師に伝えにきました。前走者がどこにきたら走り出すかを決めることが、ベストタイムを更新する鍵であることに気付いたようです。その結果、単元が進むごとにタイムを縮めることができました。

図2　減速の少ないバトンパスを目指す

〈子どものふりかえり〉

　私は、走るのがあまり得意ではないのでリレーが好きではありませんでした。しかし、今回のリレーは抜かれることもないのでとても楽しかったです！ そして、1回目よりバトンパスがどんどん上達しました。ただ、途中でバトンパスがうまくいかず、タイムが伸びませんでした。そのときは、兄弟チームからのアドバイスも参考にしながらバトンパスをもらう位置を工夫することをめあてに設定し、練習に取り組みました。走順や、走るタイミングを工夫した結果、タイムを縮めることができ、とても嬉しかったです。この学習で、仲間と協力する楽しさも感じることができました。

　走るのが得意な子も、苦手な子も、他チームとの勝ち負けではなく、チームのベストタイムを目指して取り組めたことが、この教材の大きな成果でした。

（土井　美穂）

> ┌───┐
> │ 中学年・水泳運動「浮いて進む運動」
> │   低学年の「水遊び」との接続を意識した
> │   「浮いて進む運動」の活動
> │
> │   水泳運動の楽しさは、水中で自分の体を思い通りに動かすことにあります。しかし
> │ 水泳運動領域では、どうしても「クロール」「平泳ぎ」といった泳法が重視され、そ
> │ の技能の習得やドリル的な学習に多くの時間を割いてしまいます。そこで児童の発想
> │ を大切にした「浮いて進む運動」の教材を開発しました。
> └───┘

1 教材を工夫した視点

　水泳運動は、水中という特殊な環境の中で行われます。そこには、浮力、水圧、抗力・揚力などの物理的特性が発生します。それらは、楽しさであり、「浮く」「呼吸する」「進む」「もぐる」といった動きの課題にもなります。また不安を発生させます。水泳運動では安全・安心に行うことも大切です。安全・安心に行うためには、やはり呼吸の技能が必要になります。しかし、この呼吸の習得がとても難しいのも事実です。呼吸ができないという理由で水泳運動が嫌いになる児童も少なくありません。そこで呼吸を容易にする補助具を活用し、運動を楽しむことができるようにすることが大切です。

（1）輪くぐり

　輪くぐりは、低学年の水遊びでよく行われる代表的な活動です。輪の位置や向き、数を変えたり、くぐる姿勢を工夫したりすることでさまざま動きを経験することができます。

　3人程度のグループをつくり、各グループに輪を配付して、取り組みます。グループで分担したり補助し合ったりすることができます。

　足が地面についているという安心感から、児童はさまざまな動きを考えて行います。

（2）ビート板遊び

　ビート板を持つと浮くことがたやすくなります。このビート板につかまって浮くという経験をし、手足を動かして進む動きにつなげていきます。また、ビート板の浮力は大きく、大人が抱えた場合でも顔を出して背浮きをすることができます。

　ビート板を1人1枚持ち、運動に取り組みます。ビート板を用いてさまざまな運動に取り組むことで、安心して学習に取り組むことができます。

2 具体的な学びの姿

　どちらの運動も「グループで話し合って、動きを工夫して取り組もう」というめあてで行いました。誰でも取り組むことができる「もととなる運動の行い方」を提示することは、とても大切なことです。はじめに難しい運動を提示してしまうと子どもは自信を無くして意欲が減退

してしまいます。

　輪を使った運動では、「少し離れたところにある輪（持っている）をくぐる」という運動をはじめに提示しました。輪の高さは、グループ内で話し合い調整します（図1）。しばらくすると「輪を増やしたい」「輪をもっと遠くにしてくぐりたい」といった意見が出てきます。教師は、それぞれの工夫を認め、必要に応じて全体に紹介していきます。プール

図1　輪くぐり

の底や壁をけっている場合は全体で動きを確認し、取り組みます。また、より進むために一直線の姿勢のよさを紹介し、学級全体で共有することができるようにします。以上の活動を通して、グループで協力し、楽しみながら、け伸びにつながる動きを身に付けていくことができました。

　ビート板を使った活動では、「ビート板を持って浮く」という運動をはじめに提示しました。背浮き、伏し浮き、腹や背中の下に入れて浮こうとする児童が現れます。ビート板の場合、児童にとって抵抗のある活動は顔を付けることです。この活動を通して、顔付けに対する児童の実態を同時に把握することもできます。

　輪を使った運動と同様に教師は、動きを称賛し、必要に応じて全体に紹介します。力を抜いて浮くという経験をすることが中学年ではとても大切です。力を抜いて、リラックスした姿勢で浮いている児童を紹介するようにしました。しばらくすると自然と手足を動かして、浮いて進む運動を経験することができました。また、ビート板などの浮く補助具を活

図2　バタ足ずもう

用して、「ばた足ずもう」などに取り組む児童も見られました（図2）。教師の指示を少なくし、児童のアイディアを価値付け、児童自身が主体的に学ぶことができました。

　どちらの活動も補助具を活用することで、児童の抵抗感を減らし、運動に積極的に取り組むことができたことがこの教材の大きな成果でした。

（北川　修司）

高学年・水泳運動「安全確保につながる運動」
　　安定した呼吸の獲得が水泳運動のベースとなる
　　授業デザインで身に付ける「水の呼吸：浮きの型」

　安全確保につながる運動＝着衣泳を行ったことで終わらせるのではなく、単元の指導計画の中で確実に指導したり保健領域や他教科と関連させたりしながら自己保全能力を向上させることが求められます。安定した呼吸の獲得に向けて開発した教材を3間（サンマ）の視点で紹介します。

1　教材を工夫した視点

　高学年の水泳運動は、「クロール」「平泳ぎ」及び「安全確保につながる運動」で構成されています。低学年の水遊びと中学年の水泳運動の学習を踏まえ、高学年の水泳運動では楽しさや喜びを味わい、その行い方を理解するとともに、手や足の動かし方や呼吸動作などの基本的な技能を身に付けるようにし、中学校の水泳の学習につなげていくことが求められています。泳法に特化してしまう指導になると苦手な子どもにとっては、生涯にわたって運動に親しむ資質や能力が育まれません。そこで水泳運動「安全確保につながる運動」の教材では、続けて長く浮くことも技能の一つと捉え、「浮く」こと自体も楽しさの一つであると捉え直しました。泳法にこだわるのではなく、「続けて長く浮いている（浮く＋呼吸）」を目指します。

　ただし、低・中学年との相違点は、「欲求充足」と「必要充足」のバランスです。中学年までは、「泳いだり浮いたりすることは心地よい」と、運動する子どもの欲求を大切にしてきた学習活動が、高学年の「安全確保につながる運動」では、「長く浮いたり泳いだりするために呼吸の確保をする」と、必要充足の側面（水中における自己保全能力を高めながら、水中での身のこなし方を向上させる必要性）も子どもが意識しながら学習することに大きな違いがあります。これらを意識して授業デザイン「サンマ：3つの間」を工夫することが大切です。

　『時間』既習を振り返り、水難事故についての知識に触れる時間を設定。
　『空間』子どもの実態に合った教具や場の工夫等。
　　　例：環境…流れを想定しての流れるプール、波を想定しての波のプール等。
　　　　　ICT…学習用端末の利活用、Googleサイトの動画等。
　『仲間』バディや4人組、教師：T1からT3まで役割を明確にして連携。

2　具体的な学びの姿

　中学年までの浮き方を振り返り、そこで水難事故についての知識について触れる時間を設定しました。子どもは自分の命を守るための学習として「どうしたら長く浮くことができるのか」めあてを設定しました（図1）。

　1分間できるだけ続けて長く浮くことをゴールとして、浮き沈みや背浮きに取り組みます。「どうしたら呼吸を確保して続けて長く浮くことができたのか」と視点を明確にして振り返ると、

「姿勢」「手足の動き」「呼吸のタイミング」をこつとする思考が見られました（図2）。

　バディや4人組で動きを見合ったり、仲間のよい動きを取り入れたりすることで、課題を解決する姿が見られました。教師が水中と陸上で役割を分担し、よい動きの価値付けや全体共有したい子どもの抽出、また、発問により子どもの気付きを促すと、さらに促進されます（図3）。課題のそれぞれの浮き沈みや背浮きの行い方を学んでいる中で、自己や仲間の手足の動き、呼吸の合わせ方のよさを確かめ合ったり、称賛し合ったりする姿が見られました。1分間続けて長く浮く課題に対し、単元が進むごとに記録と自信が向上していきました（図4）。

　単元を通して子どもが変容したことは、苦手な子どもでも不安や恐怖が減少し、「自分で浮ける・呼吸ができる」自信が付いたことです。安定した呼吸の習得により、水泳の基盤となる泳ぎにつながる子どもも増えました（図5）。

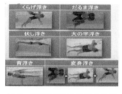

図1　既習事項は ICT でも振り返られる

図2　目的意識をもって学ぶことが大切

図3　仲間と教師で学びを促していく

図4　自分の課題に合った練習を行う

図5　9割が続けて長く浮けるようにも

〈子どものふりかえり〉
　呼吸のタイミングを体が浮くまで待つことや手足を使いながら浮き沈みで身に付けることができ、平泳ぎに似た泳ぎ方で初めて泳ぐこと（25m）ができました。
　チームの仲間の動きを水中で見たり真似したりすることで背浮きや浮き沈みで1分以上続けて長く浮くことができ、それが水泳の自信につながりました。

　このように安定した呼吸の確保の獲得が、続けて長く浮く技能がクロールや平泳ぎの続けて長く泳ぐ技能につながる成果が見られました。

（平澤　彬）

> 低学年・ゲーム「おに遊び」
>
> "多様な動き"と"遊び方の思考"を広げる
> 「おたからゲットだいぼうけん！」
>
> ---
>
> 「みんなでつくるから楽しい！」、「遊び（運動）はみんなで変えていけるんだ！」
> というワクワク感が、自然と子どもたちの動きや遊びの幅を広げていきます。そこ
> で、遊び方、場の工夫、既習の学びをもち出して、協働的に話し合い、子ども自身で
> 運動遊びを発展させていけるようにこの教材を開発しました。

1 教材について

　好奇心に満ちた豊かな運動経験は、中・高学年の運動を支えます。多様な動きを経験させた
いという願いから、「みんなでつくる遊び」をテーマに、「時間」「空間」「仲間」を意識したお
に遊びの教材を開発しました。ターゲット型のおに遊びです。

〈ルール〉

図1

・ゲームの時間は1分間。

・1チーム3〜4人。

・コートは、2重の円内（図1）。

・宝を取って、陣地に持ち帰ることができたらお
　宝ゲット。

・守るチームは外側の円と内側の円の中で守る。
　外側の円の外や内側の円の中に出て相手を捕まえることはできない。

・攻めるチームは、タッチされたら外側の円からやり直し。宝を持って出る時にタッ
　チされた場合も、宝をもとに戻して外側の円からやり直し。

・宝の数は、攻めるチームの人数分とし、内側の円の中央に置く。

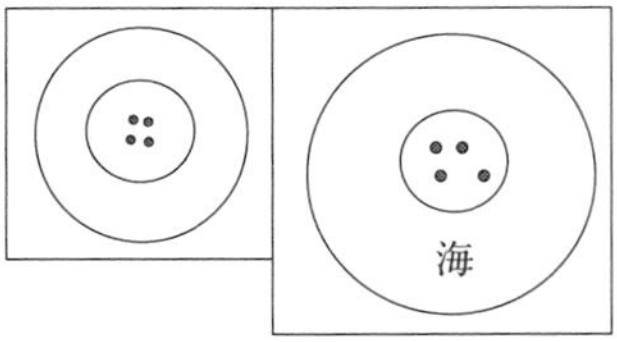

　宝はフリスビー型の遊具にしました。ぶつかってしまった時にけがにつながらないような物
（握りやすい物、やわらかいもの）を選ぶとよいです。時間は短く、ゲームの回転を早くしてよ
り多くのチームが遊べるようにします。単元は5時間。1時間の流れを、①ルールの確認 → ②
おに遊び → ③相談タイム（難しかったことやもっと楽しくなる遊び方についてそれぞれが発言
し、共有する。それを受けてみんなで試してみたいことや課題解決につながる遊び方を決めて
いく）→ ④おに遊び → ⑤振り返りとしました。試してみたいことや課題解決の方法を全体で共
有し、話し合います。子どもの発言から、「時間」「空間」「仲間」をヒントに、戦術や知識に結

びつくようなルールへと遊びを変えられるように単元を構想しました。

2　具体的な学びの姿

　「お宝ゲット大冒険」と題し、探検隊が海を渡って宝の島を目指すお話を設定しました。中央の円が「宝の島」、攻めは「探検隊」、守りは「島の人」です。1時間目は、教師が提示したルールで遊びました。2時間目は、外側の円を広くして提示（空間の工夫）しました。相談タイムで、「海が広くなったから、島を守るのが大変だった」と発言がありました。すると、「島の人が大変なら、探検隊も同じように大変な方がいいんじゃな

1人が注意を引きつけて空間を空け、その場所から入る作戦で動く子ども。

い？」と提案がありました。ここで教師は、「宝の数を増やす（時間）」「人数を変える（仲間）」「走り方を変える（既習）」と提案を用意していました。子どもの提案は、「1チームが全員島に入って宝を1つ持っていくのはどうか」でした。試してみると、「今度は探検隊が大変になりすぎて、楽しめないね」ということになりました。

　すると、「ペアになって海を渡ったら1つ持って帰る（仲間）」「人数を変える（仲間）」「時間差をつけて始める（時間）」以上の探検隊の動き方が新たに提案されました。話し合いで、ペアなら動きやすいという結論になり、3時間目はペアで宝を取りました。2人でどのように島を目指すか（空間・仲間）相談が始まりました。すると自然に、島の人も守り方の相談を始め、互いに動き方を変化させていきました。そのような経験を通して、子どもは自分に合った遊び方を考え、話し始めます。そこで、4時間目は、最初のルールに戻し、チームで作戦を相談しました。5時間目は、お宝ゲットの時間をたっぷりとって、楽しく遊びました。お宝を次の単元に使う道具にすると、「今度はこのお宝で何をして遊ぼうか」と学びをつなげていく機会となるのでおすすめです。

〈子どもの振り返り〉
○人が通ろうとしている場所に僕がかべになっていたら、タッチができました。自分が考えた作戦で人をタッチできたときが楽しかったし、守ったりみんなの考えをやってみたりしたのが楽しかったです。
○2人が中に入って守りながら進めばいいと思いました。楽しかったです。もっとみんなの考えを聞いてやってみたいです。

　子どもが試しながら、みんなで考えて作るルールは、安心して遊ぶことができます。みんなの考えを試して、遊びをつくることがこの教材の面白さであり、成果でした。

（田邊　玲奈）

中学年・ゲーム「ゴール型ゲーム」

みんなで協力！
ボール運びゲーム！！！

　ゴール型ゲームは、ボール操作の技能を使い、仲間と協力して攻防を組み立て、一定の時間内に得点を競い合うことを課題としたゲームです。本実践では、ゲーム中心の活動をとおし、仲間とともに技能の向上を図り、相手に応じた攻撃や守備の仕方などの戦術を学ぶことができる教材を目指しました。

1　教材を工夫した視点

　中学年になったばかりの児童は、ゲーム中におけるボール操作の技能や戦術的な考え方がまだ不十分であると考えます。そこで、「基本的なボール操作」と「単純なルール」でゴール型ゲームの内容を構成し、三間の工夫（表1）を取り入れながら活動を展開することで、楽しみながら学べる教材を目指しました。

　単元前半は、コートに安全地帯を設け、オフェンス側が落ち着いて攻めることのできる環境を整えました。単元後半は、安全地帯をなくしたコートにすることで、これまで身に付けた力を使い、ゲーム展開ができるようにしました。ゲーム①と②とも、基本的なルールは変わりません。ゲームルールは変えず、コートの条件を変化（「空間」の工夫）させることで、児童の思考の広がりを期待しました。

ゲーム①（単元前半）　　　　　　　ゲーム②（単元後半）

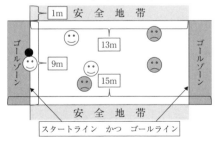

人数：3人VS3人（ゲーム審判は、セルフジャッジ）
ルール：攻守交代型（前後半制：時間が経過するまで何度も攻め続ける）
・パスのみによるボール移動。
・地面に落とす。もしくは、インターセプトでスタートラインから再開。
・ゴールラインで味方がボールキャッチできたら得点。（敵は入れない）

・接触プレイによるボール奪取は禁止。
・安全地帯には、攻め側の人間しか入れず、守り側の人間による妨害は禁止。
・安全地帯から安全地帯への直接パスは有り。ただし、直接のゴールは禁止。

表1　本実践で取り入れた三間の工夫

「時間」の工夫	「空間」の工夫	「仲間」の工夫
チーム課題を見付け、解決させるには、ゲームを多く経験させることが大切です。そこで、1時間の流れを「ゲーム－振り返り－ゲーム－振り返り」とし、ゲーム時間の確保に努めました。	1　コートの条件を変化させ、思考の広がりを目指しました。 2　すべての児童が、一斉にゲームを経験できるように、体育館の使い方を工夫しました。 （図1）	本実践では、以下の点を踏まえチーム構成を行いました。 ①チームの核を選出 ［・運動が得意 ・指示を出せる　など］ ②力を均等に配分 ③男女混合

2　具体的な学びの姿

　「仲間と協力してゴールまでボールを運ぼう」をテーマに学習を進めました。「時間」「空間」の工夫から、ゲーム時間を多く確保でき、「チーム課題の発見⇒解決策を考える⇒実践」とスパイラルに活動展開ができました。

　単元前半は、ロングパスで単調にゴールを目指す姿が多かったのですが、徐々に他の攻め方にも気付き、チームで工夫して攻撃する場面が増えました（図2）。加えて、「パスを出したらすぐに動く」「味方同士の間に敵は入れない」「味方同士は離れたほうがよい」「離れる距離も考えなければならない」など、作戦を具体的に考えていく言葉掛けも出てきました（図3）。

　技能の向上や思考の高まりだけでなく、授業に参加するすべての児童が、勝敗に関係なくゴールをすることへの喜びを感じ取り、一生懸命に取り組んでいたことが、この教材の大きな成果でした。そして、教師が児童の悩みをうまく拾い上げ、ウォームアップゲームとしてコートに反映（空間の工夫）ができると、さらに魅力的になるとも実感しました。

（阿部　泰尚）

| コート5 | コート3 | コート1 | ス |
| コート6 | コート4 | コート2 | テージ |

図1　コートの配置

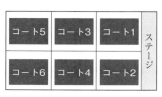

図2　仲間とゴールを目指す

図3　課題から作戦を考える

> ### 中学年・ゲーム「ネット型ゲーム」
> 攻守一体プレー型で「返す・返させない」を十分に楽しむ
> ダンボールショット
>
> 　ネット型ゲームでは、多くの場合「攻守連携型」のソフトバレーボールを基にした易しいゲームが実践されているように思います。「攻守一体型」の実践を通して、子どもたち一人ひとりが得点する楽しさを知り、ネット型ゲームの特性を味わうことができるよう、本実践を展開しました。

1　教材を工夫した視点

　小学校学習指導要領体育科解説（平成29年度版）には、中学年のネット型ゲームとして、ソフトバレーボールなどを基にした「連携プレー型」とバドミントンやテニスを基にした「攻守一体プレー型」が主として例示されています。連係プレー型と比較して攻守一体プレー型は、ほとんどの子どもたちが同程度の技能からゲームを始めることができ、少ない人数でゲームを行うため一人ひとりがボールに触る機会を保障しやすくなります。また、連係プレー型のように、味方同士でパスをつないで攻撃を組み立てる必要がなく、相手からきたボールを直接打ち返せるため、ゲームのやり方が分かりやすいこともよさの一つです。

　本実践「ダンボールショット（以下、ダンショ）」では、段ボールで作成したラケット（縦：25cm、横：20cm）とスポンジテニスボール（YONEX：直径7cm程度）を使用しました。コートは縦10m、横6mで、ネットとしてミニコーン（高さ60cm程度）とコーンバーを設置しました（図1）。

図1　段ボールラケットを使用

　1チームは3〜4人で、コートには2人が入ってゲームします。1ゲームは9分、9分ごとにプレーヤーが入れ替わります。はじめのルールとして、サーブは1バウンドさせて下から相手が取りやすいように打つ、2バウンドまで、返球されたボールをキャッチしてもいい（打ち返してもいい）、ダイレクトで返球はしないと設定しました。

　単元は全6時間で設定し、単元を通して「相手コートにボールを返す、返させないようにすることが楽しい運動」を子どもたちが味わうことができるよう計画しま

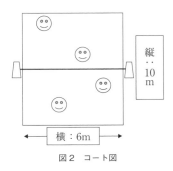

縦：10m

横：6m

図2　コート図

した。1単位時間の流れは、ゲームにつながる運動⇒ゲーム①⇒ふり返り①（全体）⇒ゲーム②⇒ふり返り②（個人・チーム⇒全体）としました。

2 具体的な学びの姿

　単元前半では、多くの子が「どうやってラリーを続けるか」に課題意識をもっていました。そこでゲームにつながる運動で「キャッチ＆ラリー」を行い、ボールをねらった場所に打つ、ボールの方向に体を移動させてキャッチする運動を毎時間設定しました。またボールを打つ強さがつかめておらず、コート外や逆にネット手前にボールが落ちる子には、サーブを自陣コート中央から打つように言葉を掛け、ボールの勢いをコントロールできるようにしました。回数を重ねるごとに技能が向上し、ほとんどの子どもたちが問題なくラリーが続くようになりました。

　単元後半では、ラリーは続くものの得点が入らないことに課題意識が集まったため、「どうしたら得点しやすくなるか」全体でふり返り、キャッチするよりもそのまま返球した方が素早く攻撃できることを確認しました。また「相手コートのどこに打てば得点が入りやすいか」考えるために、点が入りやすいと思う場所にミニコーンを子どもたち一人ひとりが置いて、「相手がいない場所は得点が入りやすい」ことを確認しました。その後のゲームでは、相手同士の間をねらうようにしたり、相手

図3　得点しやすい場所に気付く

の後ろのスペースにボールを打ったりするような様相が見られるようになり、得点を重ねていました。

　今までは手を体より前で打つということを意識していなかったので、次やる時は自分がしっかりとできているかどうかを意識したいと思いました。得点を多くとるために、相手が打ちにくい場所に落とすことを、やってみたいと思いました。

　本実践では、攻守一体型の特性を味わわせながら、子どもたちの課題意識を基にして学習を進めることを目指しました。その中で上記のふり返りのように、子どもたちが自分のなりたい姿に向けて、自分の課題を見付け、解決しようとすすんで学びに取り組む様子を見ることができました。また、教具が手作りの段ボールラケットであったからこそ、身近なものでも手軽に攻守一体型のゲームを楽しむことができたのだと感じています。

（澤　祐一郎）

> **高学年・ボール運動「ベースボール型」**
> どこへ打っても OK ！ 進塁阻止もはっきり分かる！
> クリケット風ゲーム！！
>
> 　ベースボール型は、投打捕の基本的技能を活用しながら、走者の進塁とそれらを鬼
> ごっこのように阻止することが同時並行的に生じる、ゲーム理解がとても難しい運動
> です。本実践では、ベースボール型で学ばせる内容はそのままに、フォーマルルール
> や場を修正しながら、誰もが楽しめる教材を開発しました。

1　教材を工夫した視点

　低次の学習者にとってのベースボール型は、身に付ける基本的な技能が多いだけではなく、
ゲームの局面（塁の占有・フォースアウト・フライバック等）ごとにプレイの選択を迫られる、
情況判断が難しい運動だと捉えられます。そのため、捕球・送球の技能が高まったにもかかわ
らず、次の展開である「進塁の阻止」において混乱を招き、スクランブル状態になる場合があ
ります。そこで本実践では、「基本的なボール操作」と「場やルールの修正」によって、誰もが
楽しめるベースボール型の教材開発を目指しました。

　まずはコートです。図１のように、10m 四方の正方形の中心にティーを置きます。クリケッ
トのように、四方八方好きなところへ打つことができます。つまり、ファールはありません。
次に、走者は右下の白コーン・ホームベース（１塁・２塁・３塁は黄色コーン）から走り出しま
す。つまり、打者走者分離型です。これは、仲
間の走力や打力を考えながら打順や打つ方向を
決めてほしいからです。チームごとの総力戦で
戦術学習に取り組むようになります。

　次はルールです。攻守は打順が一巡したら
交代します。また回ごとに打順の変更は自由で
す。得点は１塁到達で１点、２塁到達で２点…
というように加点制です。また、１周してホー
ムベースに返った後も、走者の次塁へ送球され
るまで進塁できます。

図１　クリケット風ゲームのコート

表1　三間（「時間」「空間」「仲間」）の工夫

「時間」の工夫	「空間」の工夫	「仲間」の工夫
戦術アプローチによるゲーム中心の単元。ゲームの間に戦術会議を設定しました。	ファールはなし。すべてをフェアグラウンドとし、相手の配置を考えながら打つ場所を考えさせました。	授業終末の振り返りでは、Googleスライドを活用し、実際のゲーム映像を端末で確認しながら、次時に目指す動きを思考・創造させました。図2のように、その局面の静止画をアップし、ボールの軌跡や人の動きを書き込みながら、チームの動きを共有しました。

2　具体的な学びの姿

　正規のルールやコート等では全員がボール運動を楽しめません。そのため、三間の工夫をすることで、よりチーム全体の特徴へ学習者の視点が向きます。そうすることで「より得点が獲りやすい○○は何（どこ）だろう？」という、課題解決にフォーカスした「戦術学習」が可能となります。

　グループ5は、得点はよく獲れていました。しかし、それ以上に相手に得点を許してしまい、なかなか勝てないチームでした。そこで、学習課題を「より得点を抑えるための守備や連携」と捉えました。図2のデジタルノートを見てみると、相手走者の進塁を少しでも止めようと、目的地までのボールの軌跡を描いていました。そして、遠く

図2　Googleスライドによる戦術共有

からボールを走って運んでくるのではなく、仲間と連携してボールを「中継」しようと考えていました。

　このように、仲間と打順や打つ方向や強さを工夫したり、相手の攻撃を分析して自チームの連携を修正したりすることで、個人の力に合った「役割」を取得できます。また、仲間同士で補い合いながら、連携プレイを完成させる喜びを感じることもできます。

（藤本　拓矢）

中学年・表現運動

ダイナミックになりきろう
「とある冬の一日」

　表現運動では、子どもたちが題材の世界に没入し、全身をダイナミックに使って運動を行います。本単元では、身近なものを題材として、子どもたちがイメージの世界に没入しやすくしました。また、心と体を開放し他者との違いを認め、協力の仕方を工夫していけるような教材を開発しました。

1　教材を工夫した視点

　表現運動の楽しさの中心は「題材になりきり没入体験を味わう」ことです。中学年の児童は好奇心がありエネルギーに満ち溢れています。その一方で、うまく踊れなかったり、人前で表現することに恥ずかしさを感じたりして、学習が停滞してしまうこともあります。そこで、学習の初めには「心と体を開放」させ、心と体のスイッチをオンにして、みんなで踊ることに抵抗感をなくしました。

　表現系には、明確なゴールがなく、子どもたちがゴールイメージがつかみにくいのも特徴です。表現運動には決まった形はありませんが、子どもたちが題材のイメージを捉え「即興的に踊る」ことがキーワードになります。本単元では全4時間を「冬のとある一日」というテーマで行い、題材を「お餅つき」「凧あげ」「羽子板」という子どものイメージしやすい題材にしました。題材は生活に身近なものでイメージがしやすく、シンプルな動きの中にも変化が生まれやすいものとなっています。中学年で習得したい「対の動き」が出やすいことも特徴です。

図1　お餅つき

　最初は個人で取り組み教師のリードで一緒に踊り、子どもたちに動きのイメージのヒントを与えます。言葉がけで、「大きな風が来て凧が流されちゃった！」という急変場面を取り入れ、動きを工夫させるとよりお話ができ上がります。

　【時間】学習の流れを「心身の開放」「教師のリードで表現」「グループの活動」とし、常に動きながら現したいイメージ作りを行う。

　【空間】「心身の開放」の時間に心を柔らかくし、一人ひとりの違いを価値付け、違いを認め合える空間づくりを行う。

　【仲間】3人グループで行い、相談しながら短いお話づくりを行う。

2 具体的な学びの姿

単元の最初は教師のリードに合わせて即興的に踊る時間を多めに設定します。

教師は題材のイメージを引き出すために、お話の中心となる動きを、子どもの動きに合わせて口伴奏します。「お餅をつくよ　よいしょ　よいしょ　力いっぱいつくよ　どうなった？」と問いかけながら教師がリードします。最初は、走り回るだけだったり、動きだせなかったりとイメージを捉えきれていない子どもも、イメージの世界に没入している子どもを称賛し価値づけていくことで、餅つきのお餅の動きがどんどん上手になっていきました。

単元後半になると、教師のリードの時間を減らしていくことで、子どもたちが動きを自己決定する時間を増やしていきます。

一単位時間の途中では、みんなで踊りタイムを取り入れ、グループではじめと終わりをつけて短いお作りをします。他のグループと共有することで、良い動きを取り入れながら、」オリジナルのお話を作っていきます。単元の前半では動きを決定するまでに時間がかかっていたグループも単元後半で題材のイメージを捉え、友達の動きに合わせて動いたり、タイミングを合わせたりずらしたりできるようになります。また、動き方も題材に合わせて、ダイナミックに変化していき、動きがわかりやす

図2　オリジナル表現

いようにスローモーションを取り入れるグループが現れるなど、さまざまな工夫が見られました。

発表タイムではグループごとに短いお話をします。表現したことを認め合うことで子どもたちは達成感をもつことができます。発表前には全員でハイタッチして、安心した空間を作り出してから、発表することで停滞シーンもなくなります。単元後半では、発表タイムを子どもたち自身が盛り上げていく意識が感じられ、多くの工夫に子ども同士で価値づけし合う姿が見られるようになりました。

> 　1番大事だと思ったことは、私はタコを上げる人でした。最初にタコを上げて左にゆれたり、右にゆれたりして最後に大きな風が来たとき、どうなったかをどうするかチームで話し合いました。

本実践では、表現の特性を味わわせながら子どもたちが自己決定し動きを作り上げていくことを夢中に行いました。上記の振り返りのように、子どもたちが試行錯誤を繰り返しながら作品を創造していく運動は、集団的達成感が味わえることのできる教材だと感じています。

（柄澤　周）

高学年・表現運動「フォークダンス」

フォークダンス　DE　心は一つ
「マイムマイム」「ハーモニカ」「パティケーク・ポルカ」

　フォークダンスの授業では、伝承されてきた踊り（型が決まっている踊り）を身に付けて、踊ることが中心です。フォークダンスのおもしろさは、「ノル」ことを楽しみ、集団的沸騰が起こり凝集性が高まっていくことに楽しさを味わいます。

1　教材を工夫した視点

　本単元では、「集団の凝集性の高まり」を感じられるような、ダンスを3つ選んでいます。それぞれのダンスの特徴は（表1）に記載しました。

表1　教材の特徴

	1時	2時	3時
踊り	マイムマイム	ハーモニカ	パティケーク・ポルカ
ねらい	シングルサークルでの力強い踊り	シングルサークルで、一体感を味わえるダンス	パートナーチェンジのある軽快な踊り
踊りの楽しさ	踊りが簡単であり、声を合わせることができます。中央に集まる動きが繰り返されるので、クラスの動きがだんだんと合ってきます。	マイムマイムより難易度が高いが、軽快なリズムで踊り、全員で肩を組んで回る動きが繰り返されるので、クラスの凝集性が高まっていきます。	パートナーチェンジが最大の特徴。誰とでも踊ることで、お互いを理解することができる。相手のことを思って運動できるダンスです。

　フォークダンスは伝承されてきた踊り方があり、その踊りを習得しながら楽しめる特徴があります。グループ学習を取り入れたり、スクリーンに流した踊りを真似して踊ってみたりする中で、子どもたちが自己決定しながら踊り方を習得していきます。また、クラス全員で踊っていく際には、一体感を出す方法を問うと、子どもたちからは「声を掛け合おう」「前の人の動きを真似しよう」とさまざまなヒントが出されます。さらには子どもたちの凝集性が高まり、集団的沸騰が起こやすい教材だと感じています。

　【時間】曲を流し続けて、常に踊れる環境づくりを行いました。

　【空間】モニターに投影することで、安心感のある空間づくりを行いました。

　【仲間】小集団で活動する時間を取り入れ、お互いを見合いながら踊れました。

2 具体的な学びの姿

本単元では、毎時間最初にモニターを使って、見ながら踊ることで、型に合った動きを理解していきました。また、授業のはじめにはアウェアネストークを取り入れ、絵本の読み聞かせから、協力するために必要な価値に気付かせていき、本時の目標としました。単元前半は座りながらモニターを眺めていた子どもも単元後半では、踊りながらモニターの動きを確認したり、積極的に友達とかかわりながら動画を真似しながら踊っていました。

一単位時間の途中には協力の仕方を自己評価します。単元前半では、自己評価が低い子どもも単元後半には、友達のかかわり方が豊かになり、友達にアドバイスをもらうなどして、客観的に自己を見つめ、自己評価でCを付けた子どもは一人もいませんでした。

図1　モニターで動きを確認

小集団での活動の後は、クラス全員で2回踊ります。1回目終了時にさらに良くなるためには「どうすればいいと思う？」と問いかけると、「声を出すとわかりやすい」「タイミンを合わせよう」等、さまざまな気付きが生まれ、凝集性が高まっていきます。2回目にはモニターを消して、音源のみでチャレンジしてみるように促すと、「絶対できる！」という力強い答えが返ってきて、子どもたちは没入状態になりさらに盛り上がります。踊り終わると自然と拍手が生まれ、集団的達成感に満ち溢れた表情をしていました。

図2　クラス全員で踊る

今回はハーモニカを踊り、初めはテンポが速く難しい動きがたくさんあったため、なかなか踊ることができませんでした。でも、何回もみんなで練習をしたことで、みんなん心が一つになり、自分たちだけの踊りができたのではないかと思いました。また、みんなの声かけが、心が一つになり5年1組しかできない踊りができたのでとても楽しかったです。でも、もっとできるようにするためにこれからも考えて体育の授業をしていきたいと思いました。

本実践では、伝承されてきた踊りを「心を一つにして踊る」ことをテーマにして学習を進めてきました。ダンスを踊ることは少し恥ずかしさもあったと思いますが、その中で上記の振り返りのように、クラスの凝集性の高まりを感じながら運動できる教材であると感じています。

（柄澤　周）

第三学年・保健領域「健康な生活」

なりたい自分になる！
「マイ・ヘルス・ノート」で健康な生活

小学校における体育科保健領域の授業は第３学年から始まります。子どもたちが「健康」の大切さを強く実感し、学習内容と実生活とを結び付けて課題発見・課題解決していく力を身に付けるために、「マイ・ヘルス・ノート」を使った実践を行いました。

１　教材を工夫した視点

保健の授業を行う際に、どのような学習カードを使用しているでしょうか。教師があらかじめ設定した項目に子どもが考えを記入する、穴埋め形式でキーワードを記入する…。そのような形式の学習カードから脱却し、児童が自分の学習課題や課題を解決するための方法など、自分で学んだことを毎時間ごとに記録できるようなものにすれば、学びの軌跡を確認しながら学習できるのではないかと考えました。

毎時間ごとに作成し、気付きや考えを記入する「ほけん学習カード」、単元を通して自分の課題を見いだし解決していく「生活チェックカード」、この２つを合わせて「マイ・ヘルス・ノート」と名付けました（図１）。生活チェックカードは学習や生活での振り返りを通して、適宜自分で加除修正できるようにしました。子ども一人ひとりの生活環境や生活のリズムには個人差があることから、より自分の生活や実態に合った学習課題とすることをねらい、教師が項目立てるのではなく、子どもが記入する形式としました。

第４時　ほけん学習カード

7月12日（火）

今日のめあて

よりけんこうになるための方法をまとめよう

友だちと話し合うポイント

○友だちと同じところ
○自分にはあるけれど、友だちにないところ
○友達にはあるけれど、自分にないところ
　⇒その中で、自分にとっても大切だと思ったところ

これからも自分が気をつけていこうと思うこと

今日のふりかえり
（おもかったこと・わかったこと・気になったこと・？）

生活チェックカード

自分で考えた生活チェック		チェック ／（月）	／（火）	／（水）	／（木）	／（金）	／（土）	／（日）
1								
2								
3								
4								
5								
6								
7								
8								
9								
10								

図１　マイ・ヘルス・ノート

2　具体的な学びの姿

　1時間目では、小学校における体育科保健領域の導入として「健康」とはどのようなことか、健康でいるとどのようなことができるかを考え、「授業」と「生活」のそれぞれにおける学びが、歯車のように相互に関わっているということを理解できるようにしました。子どもたちは「野球選手になりたい」などのなりたい自分をイメージしました。ここで見いだした課題（なりたい自分）を子どもが単元を通して意識できるよう、教師は毎時間言葉がけをします。

　自分の生活を振り返り、健康な生活を送る上で自分が気を付けることや意識することを「生活チェックカード」に項目を立てて記入しました。1時間目においては「早く寝る」「運動をする」など漠然としたものです。それが、2・3時間目で根拠を基にした知識を習得することにより「9時までに寝る。そのためにご飯を食べたらすぐにお風呂に入る」「宿題を早く終わらせて外で遊ぶ」など具体的な内容に項目を修正したり追加したりしていく姿が見られました（図2）。また、毎時間、協働的な学習の場面を設定し、グループで自分の実践してきた「生活チェックカード」を紹介し合います。その際に、「友だちと同じところ」「友だちにはないけれど自分にはあるところ」「友だちの話を聞いて自分もやってみたいこと」という比較の視点を与えたことで、自分の考えを深めるきっかけになっていました。そこでの気付きは随時「ほけん学習カード」に記入し蓄積させていきました。

　授業と授業の間は1週間程度空いているので、十分に課題を意識し解決するために実践する期間があります。自分の生活を振り返り、設定した目標の達成度を自己評価し、さらに項目を改良していく子どもの姿もありました。

　単元の最後の時間となる4時間目では、自分の実行してきた「生活チェックカード」の最終形態をこれまでとは別のグループに再編成して紹介し合いました。振り返りの時間には、「生活チェックカードは終わるけど、これからも健康な生活を送っていきたい」等、最初に考えた「なりたい自分」に向けて健康な生活を送ることが大切なのだと子どもたちは強く感じていました。

図2　子どもの記述例

（村瀬　智美）

5年・保健「けがの防止」

予想 → 検証 → 考察のプロセスを取り入れた

ヒヤリハットマップづくり

　知識の伝達や、健康行動の実践を教師から子どもに一方的に押し付けるような学習では、子どものやる気を引き出すことはできません。本単元では、実験、ディスカッション、ブレインストーミング、フィールドワークを効果的に取り入れることで、主体的な学習となるよう工夫しました。

1　教材を工夫した視点

　本単元では、活動を通して健康や安全に関する課題に自ら気付き、主体的に取り組むことができるように単元計画を構成しました。子どもが知識や技能をどう習得し、活用するかを1授業の中で計画したり、単元を通して計画したりします。これには子どもの学習意欲の高まりが欠かせません。授業の中で子どもの「できた」や「次はこうしたい」が生まれるよう、そしてそれを適切に見取り、学習を進めることができるように取り組んでいます。

　そこで、予想 → 実験・検証 → 考察の学びのプロセスを取り入れることで、けがの防止について考える際の子どもの意欲を高めることができるようにしました。

　単元を通して、学校や地域などそれぞれの場合において発生しうる危険を予想させ、適切な回避方法や環境の改善方法について考えるという思考・判断を重視した内容としました。単に写真の中から危険を見付けるという活動ではなく、危険と安全の判断を促すことができるよう、複数の写真を比較したり、学校内の危険箇所を、現場に行って実際に確かめたりすることで、課題を明確に持ち、学習活動を行うことができるよう工夫しました。その際、子どもにとって身近な通学路、公園、校内の写真や映像などの資料を用いたり、教室の外に移動してのグループ活動を取り入れたり、学校のヒヤリハットマップ作りによる視覚的効果を取り入れたりするなど、教材・教具の工夫や学習の場の工夫をすることで、より効果的に知識の定着を図ることができるようにしました。

　本時においては、学校におけるけがについての「一般的なデータ」と「自分たちの学校のデータ」を比較することで、自分たちの学校にも同じようなけがが起きていることに気付き、学校でのけがや事故を自分のこととして考えることができるようにしました。

2　具体的な学びの姿

　まず、学校内のいろいろな場所について、360°カメラの画像を基に、起こりそうな事故や、けがの原因を予想します。予想をもとにグループで現場検証をし、起こり得る事故と、それを防ぐ方法を話し合いました。

図1　画像をもとに事故やけがの予想をする

図2　予想をもとにグループで現場検証をする

学習の流れ

予想する
画像を見て、そこで起こりそうな
事故やけがの原因を予想する。

現場検証する
予想をもとに、実際にその場所へ
行き、現場を見ながら、起こりう
る事故と、その原因を話し合う。

現場検証のポイント
①実際に目で見て確かめる。
②その場で動いてみて、確かめる。
③どうすれば安全になるのか、考える。

考察する
現場検証したことをもとに、その
事故を防ぐにはどうしたらよいか
を話し合う。

共有する
ふぞく小ヒヤリハットマップを作る。

図3　現場検証の結果を考察をもとに、学校のヒ
ヤリハットマップを作成する

　現場検証の結果を考察し、ヒヤリハットマップを作り、知識の共有を図りました。その上で活動を振り返り、安全な環境や行動について考えました。

〈児童の振り返り〉
○　心の状態や体の調子によって、行動が変わったり、その場によってけがをする。
　　周りの環境に注意して行動することが大切だと思いました。
○　点検をして、危険なものは取り除いたり、修理したりすることが必要。
○　みんなが注意して行動できるような掲示をして、気を付けて行動できるようにするとよい。

　予想→実験・検証→考察の学びのプロセスと、ヒヤリハットマップをもとにした振り返りにより、自分の生活を、けがの原因となる「環境」と「行動」に重ね合わせながら、その防止のしかたについて考えることができました。

（関口　健一）

お わ り に

　本書は前書の「アクティブ・ラーニングで学ぶ小学校体育の授業づくり」を改訂して出版されたものです。前書の出版から4年が経ちましたが、その間に起こったコロナ禍は、教育界にとっても大きな出来事であったことは周知のとおりです。とりわけ身体を直接扱い、「密」になることをよしとしてきた体育は、最も影響を受けた教科の一つであったといえます。おそらく、身体接触や人との距離感、マスクとの関係性など、身体を取り巻く問題は今後も議論されるのではないでしょうか。そのような中、本書を手にとっていただきありがとうございました。

　本書のコンセプトは、思考しながら教師の専門的知識を創発することです。思考にもさまざまなタイプがあることは言うまでもありません。例えば、文化人類学者のレヴィ＝ストロースは、現代人の思考について「栽培された思考」と「野生の思考」という言葉を使っています（「野生の思考」、大橋保夫訳、みすず書房、1976）。栽培された思考とは、エンジニアリング思考ともいわれ、目的に沿って計画を立て、目的を達成するためにどのようにすればよいかという思考を指します。教師は、授業を行う際に計画を立てます。目標やめあて、育てたい子ども像を設定し、そこから具体的な展開などを計画するでしょう。13章の学習指導案の立案でも触れたように、見通しをもって計画していくという思考過程は教師にとって必須であり、専門的な力として向上させたいところです。

　一方で、授業中に計画とは異なる様相や不確定な状況に直面することは日常茶飯事です。教師はその際、あり合わせのもので何とかしようと思考するでしょう。そのような場面で発揮されるのが、野生の思考です。つまり、現状を確認し、使えるものを駆使し、目的を達成しようと即興的に試みるのです。この野生の思考が、人間が本質的にもっている思考であるとされています。

　そう考えると、子どもたちは野生の思考の天才的使い手と言えるでしょ

う。例えば、休み時間に野球で遊ぶ子たちは9人そろっていないと遊べないでしょうか。そんなことはありません。人数が少なくてもその場で工夫して遊びます。人数が足りない場合は遊ぶ範囲を狭めたり、透明ランナーを作ったりして実に上手に遊びます。また、昔の子どもたちは、幼い子や新参者には「おみそ」や「おまめ」（私の田舎では別の言い方でしたが）という役割をあてがい、特別ルールを適応することで排除ではなくみんなが参加できることを保障していました。子どもたちは、そのような遊びの知恵（野生の思考）を駆使してその場の状況に応じて工夫して楽しめるゲームを創造しているのです。

　このような遊びの知恵の根底には、共生の理念やインクルーシブ教育といった異質な他者が協働して学ぶ（遊ぶ）ことが埋め込まれているのではないでしょうか。そのように考えると、私たち教師は、野生の思考を思いっきり発揮できるような授業をデザインできる、栽培された思考を身に付ける必要があるでしょう。そして、子どもも教師も栽培された思考と野生の思考を往還させながら、自らの行為主体性（エージェンシー）を育んでいくのです。その過程でおこるであろう、お互いの行為主体性（エージェンシー）の交流こそが「創発」を生むのではないでしょうか。創発とは、予想や計画を超えるイノベーションがおこることであり、部分の性質の単なる総和に留まらず、それを超える性質が現れることです。本書をきっかけに他者との議論が深まり、少しでも新しい意味が立ち上がったのであれば幸いです。

　最後になりますが、本書を世に出すにあたり長年にわたって私たちを支えていただいた大学教育出版の佐藤様へは、感謝の念に堪えません。ここまで多大なご尽力をいただき誠にありがとうございました。執筆者を代表してここに深謝いたします。本書が皆さまの思考と創発に少しでもお役に立てることを願っています。

編者　石塚　諭

執筆者紹介

（五十音順）

阿部　泰尚　（新潟市立南中野山小学校　教諭）　巻末資料（教材例）

五十嵐太一　（宇都宮市立豊郷中央小学校　教諭）　巻末資料（教材例）

池田　光明　（鹿児島市立小山田小学校　教諭）　巻末資料（教材例）

石井　幸司　（宇都宮大学　助教）　第10章、第12章

石塚　　諭　（宇都宮大学　准教授）　第2章、第6章、第7章、おわりに

江原　美沙　（港区立赤羽小学校　主任教諭）　巻末資料（教材例）

大出　知明　（宇都宮大学共同教育学部附属小学校　教諭）　巻末資料（教材例）

大熊　誠二　（東京国際大学　専任講師）　第9章、第13章（本文）

柄澤　　周　（帝京大学小学校　教諭）　巻末資料（教材例）

神﨑　芳明　（お茶の水女子大学附属小学校　教諭）　巻末資料（教材例）

北川　修司　（清瀬市立清瀬第八小学校　主任教諭）　巻末資料（教材例）

小島　大樹　（調布市立八雲台小学校　指導教諭）　巻末資料（教材例）

澤　祐一郎　（杉並区立天沼小学校　主任教諭）　巻末資料（教材例）

佐佐木達哉　（志木市立宗岡小学校　教諭）　巻末資料（教材例）

杉田　　昇　（西東京市立東小学校　主任教諭）　巻末資料（教材例）

鈴木　直樹　(東京学芸大学　准教授)　第1章、第2章、第8章、第11章

関口　健一　(宇都宮大学　准教授)　巻末資料(教材例)

田邊　玲奈　(新潟大学附属新潟小学校　教諭)　巻末資料(教材例)

土井　美穂　(足立区立伊興小学校　教諭)　巻末資料(教材例)

成家　篤史　(帝京大学　教授)　はじめに、第3章、第4章、第5章

平澤　　彬　(八王子市立緑が丘小学校　主任教諭)　巻末資料(教材例)

藤本　拓矢　(新潟市立真砂小学校　主幹教諭)　巻末資料(教材例)

松田　綾子　(廿日市市立宮園小学校　教頭)　第13章(指導案例1)

村上　雅之　(札幌市立伏見小学校　教諭)　第13章(指導案例2)、巻末資料(教材例)

村瀬　智美　(世田谷区立千歳台小学校　養護教諭)　巻末資料(教材例)

和氣　拓巳　(お茶の水女子大学附属小学校　教諭)　第13章(指導案例3)

■ 編著者紹介

鈴木　直樹　（すずき　なおき）

現職：東京学芸大学・准教授
学位：博士（教育学）
研究分野：体育の学習評価論、体育の国際比較、社会構成主義的視点からの体育の授業づくり

成家　篤史　（なりや　あつし）

現職：帝京大学・教授
学位：博士（教育学）
研究分野：教師の指導観に関する研究、体育授業の指導方略論、「N－感覚的アプローチによる体育学習」

石塚　諭　（いしづか　さとし）

現職：宇都宮大学・准教授
学位：修士（教育学）
研究分野：体育の教師教育論、学習指導論、ボール運動・球技の授業づくり

大熊　誠二　（おおくま　せいじ）

現職：東京国際大学・専任講師
学位：修士（教育学）
研究分野：幼小中の連携教育、体育におけるICTの利活用

石井　幸司　（いしい　こうじ）

現職：宇都宮大学・助教
学位：教職修士（専門職）
研究分野：ICTを利活用した学習評価、体育の教材・教具論、体育のステークホルダー・アプローチ

体育の授業づくりの学修
― 思考しながら教師の専門的知識を創発するための本 ―

2023 年 10 月 20 日　初版第 1 刷発行

■ 編 著 者 ── 鈴木直樹・成家篤史・石塚諭・大熊誠二・石井幸司
■ 発 行 者 ── 佐藤　守
■ 発 行 所 ── 株式会社 大学教育出版
　　　　　　　〒 700-0953　岡山市南区西市 855-4
　　　　　　　電話 （086) 244-1268　FAX （086) 246-0294
■ 印刷製本 ── モリモト印刷 ㈱

© 2023, Printed in Japan

検印省略　　落丁・乱丁本はお取り替えいたします。
本書のコピー・スキャン・デジタル化等の無断複製は著作権法上での例外を除き禁じられています。
本書を代行業者等の第三者に依頼してスキャンやデジタル化することは、たとえ個人や家庭内での利用でも著作権法違反です。

ISBN978 - 4 - 86692 - 269 - 0